연세 한국어 1-2

연세대학교 한국어학당 편

연세대학교 대학출판문화원

연세 한국어 1-2 (중국어판)

편저자 연세대학교 한국어학당 교재편찬위원회
집필진 김미옥 · 황인교 · 손은경 · 이수민
펴낸곳 연세대학교 대학출판문화원

주소 서울시 서대문구 연세로 50
전화 2123-3380~2
팩스 2123-8673
ysup@yonsei.ac.kr
http://www.yonsei.ac.kr/press
등록 1955년 10월 13일 제9-60호
인쇄 태화북스
본문 더그라프
삽화 디투웍스
녹음 (주)반도음반
성우 곽윤상 · 윤미나 · 전광주 · 홍소영

2013년 3월 5일 1판 1쇄　2017년 11월 30일 1판 6쇄
ISBN 978-89-97578-72-6(08710)
ISBN 978-89-97578-70-2 (세트)

값 20,000원(CD 포함)

前言

在国内享誉盛名的延世大学语言研究教育院继承韩国语教育五十年的优良传统，为提高韩语教育水平，曾经编著了不少教材。最近，由于全世界人民对韩国和韩国文化的关心程度不断提高，致力于学习韩语的海外同胞和海外人士也大幅度增加，与此同时，学生们对韩语教材的要求也不断变得多样化。因此，此次延世大学语言研究教育院韩国语学堂针对如此多样化的学生阵营，出刊了不仅能够培养韩语能力，同时可以了解韩国文化的新教材。

延世大学语言研究教育院韩国语学堂此次出刊的教材，共6册。即，以初级韩国语学生为对象的“延世韩国语1”和“延世韩国语2”，以中级学生为对象的“延世韩国语3”和“延世韩国语4”，以高级学生为对象的“延世韩国语5”和“延世韩国语6”。各册教材的内容构成，具体针对学生们的韩语水平，致力于集中提高学生们的各种类型的韩语交流能力。

“延世韩国语”的内容，不仅包括以不同韩语学习阶段所要求的内容为主题编成的会话，以及对词汇和语法的集中训练，还包括为实现学生们的听、说、读、写等能力的均衡发展而设置的多样的练习与实践活动等，实为一组综合型教材。不仅如此，该教材还兼顾到让学生们成为学习韩语的中心，以其感兴趣的主题和情景为基础完成各种语言交流任务，从而来学习并熟练韩语。

希望“延世韩国语”不仅对在延世大学语言研究教育院韩国语学堂学习的学生们，而且对所有致力于正确了解并使用韩语的学生们都能给予帮助。

延世大学语言研究教育院
韩国语学堂
教材编纂委员会

일러두기

- '연세 한국어 1'은 한국어를 배우려는 성인 교포와 외국인을 위한 기초 단계의 책으로 초급 단계에서 꼭 알아야 할 주제를 중심으로 썼으며 이와 함께 필수적인 어휘와 문법, 문화와 사고방식을 소개함으로써 한국에 대한 이해를 넓히고자 하였다. 내용은 총 10개의 과로 이루어져 있으며, 각 과는 4개의 항으로 이루어져 있다.

- '연세 한국어 1'에는 8명의 주요 인물들이 등장하며 이들 등장인물들의 일상생활을 중심으로 본문의 대화 내용을 구성하였다.

- 교재의 구성은 과 제목과 함께 과의 내용을 제목 밑에 표로 제시하였는데, 표에는 각 항의 제목과 어휘, 문법, 과제, 문화를 제시하여 각 과에서 다룰 내용을 한 눈에 알아보기 쉽게 하였다. 그리고 마지막 항은 복습에 해당하는 항으로 '정리해 봅시다'라는 이름으로 그 과에서 다룬 어휘와 문법, 기능 등을 복습할 수 있도록 하였으며 '읽어 봅시다'에서는 본문에 나오는 대화 중 발음이 어려운 문장을 항마다 한 개씩 선정하여 연습할 수 있도록 하였다. 문화 부분은 각 과의 내용과 관련된 내용으로 과마다 2개 정도의 내용을 선정하여 '제임스가 본 한국'이라는 이름으로 외국인의 눈에 비친 한국의 문화를 가볍게 설명하는 식으로 다루었다.

- 각 과는 제목, 학습 목표, 삽화와 도입, 본문 대화, 어휘, 문법 연습, 과제, 문법 설명, 대화 번역의 순서로 구성되어 있다.

- 각 과의 제목은 주제에 해당하는 명사로 제시하였으며, 각 항의 제목은 본문 대화 부분에 나오는 주요 문장으로 제시하였다.

- 학습 목표에는 학습자들이 학습해야 할 의사소통 기능과 문법, 어휘를 제시하였다.

- 본문 대화는 각 과의 주제와 관련된 가장 전형적이고 대표적인 대화 상황을 설정하고자 노력하였으며 대화 전에 대화 상황을 지문으로 간단히 설명하였다. 1과부터 3과까지는 학습자의 부담을 최소화하고자 4개의 문장, 2개의 대화로 구성하였고 4과부터는 6개의 문장, 3개의 대화로 구성하였다.

- 어휘는 각 과의 주제나 기능과 관련된 어휘 목록을 확장 제시하였으며, 과제에 나오는 새 단어는 과제 밑에 따로 구분하여 제시하였다. '연세 한국어 1'에서 다룬 단어는 약 995개 정도이다.

- 문법 연습은 각 과에서 다루어야 할 핵심 문법 사항으로 각 항마다 2개 정도를 기본으로 간단한 연습 문제와 함께 제시하였으며 문법에 대한 설명은 문법 설명에서 제시하였다.

- 과제는 학습 목표에서 제시한 의사소통 기능에 부합되는 것으로 각 항마다 2개 씩 제시하였는데 과제 간의 연계성을 염두에 두고 구성하였으며, 말하기, 듣기, 읽기, 쓰기의 네 기능을 적절히 제시하되 초급 교재인 만큼 말하기와 듣기의 비중을 높게 구성하였다.

- 각 항의 마지막 부분에는 대화 번역문과 문법 설명을 제시하였다.

- 문화는 각 과의 끝 부분에 실었는데 제임스가 한국의 문화를 간단히 설명하는 식으로 썼으며 실제로 할 수 있는 것은 간단히 해보게 하였다. 또 자기 나라의 문화와 비교해 보거나 자신의 경우를 말하게 하는 등 지식에 그치지 고 적용해 볼 수 있도록 하였다.

- 색인에서는 각 과에서 다룬 어휘를 가나다 순으로 정리하였으며 본문에서 제시된 항을 함께 제시하였다.

凡 例

- "延世韩国语1"是为学习韩语的成人同胞及外国人准备的基础阶段的教材。以初级阶段必须掌握的主题为中心编写。同时包括该阶段必需的词汇和语法，并通过对文化和思维方式的介绍使学生们增加对韩国的了解。其内容共由10课组成，每课由4个小节构成。

- 在"延世韩国语1"的对话中有8名主要人物登场，对话内容以这8名人物的日常生活为中心展开。

- 关于教材的构成，在每课的题目下面以表格的形式介绍整课内容，表格中包括每个小节的题目和词汇、语法、练习与实践、文化等内容，从而使每课中所涉及的内容能够一目了然。每课的最后以"整理一下吧!"为题，对该课中所涉及的词汇和语法、交流技能等所有内容进行复习；以"读一下吧!"为题，对对话中出现的发音比较困难的部分，从每个小节对话中选出一个，让学生们集中练习。在文化部分，从每课中选出两个左右与该课内容相关的文化主题，以"詹姆斯眼中的韩国"为题，以外国人的视角对韩国文化进行了简单的说明。

- 每课以题目、学习目标、插画及引子、对话、词汇、语法、练习与实践、语法说明、对话译文为顺序构成。

- 每课的题目使用与主题相关的名词，每个小节对话的题目使用对话文中的一个主重要句子。

- 学习目标部分，列出了学生们必须掌握的交流技能和语法、词汇等内容。

- 引子与便于理解主题和技能的插画一起，向学生提出简单的问题，使其对该主题和技能产生兴趣和好奇心。

- 对话部分致力于设置与每课的主题相关的最为典型、最具代表性的对话情景。从第1课到第三课，为使学生的负担最小化，每段对话由4个句子，即两组对话组成，从第4课开始，由6个句子，即3组对话组成。

- 词汇部分，对与各课主题和交流技能相关的词汇目录进行了扩充。练习与实践中出现的新词汇则在练习与实践的下面列出。"延世韩国语1"中大约涉及995个新词汇。

- 语法部分，对各课中必须掌握的核心语法，从个小节每段对话中选出2个左右，与简单的练习题一起给出，对语法的说明则在语法说明部分进行。

- 练习与实践部分，与在学习目标中提出的交流技能相结符合，每个小节对话中提出2个左右，该部分兼顾到了各个练习间的相互联系，注重听、说、读、写四种技能的训练，考虑到是初级课本，听说的比重比较大些。

- 在每个小节的最后提供了对话译文和练习与实践中听力题目的原文。

- 文化部分在每课的最后。以詹姆斯简单介绍韩国文化的形式编写，对于学生可以尝试做的部分，要求学生进行尝试，并且要求学生与本国文化进行比较或是谈自己的想法等。不只注重知识，更注重对知识的运用。

- 在索引部分，对每课出现的词汇以"가나다"的顺序进行了整理，并同时标明了各词汇所属的课节。

차례

1-1

머리말_iii
일러두기_iv
내용 구성_viii
등장인물_xvii

제1과_ 인사 ······ 01
제2과_ 학교와 집 ······ 31
제3과_ 가족과 친구 ······ 69
제4과_ 음식 ······ 105
제5과_ 하루 생활 ······ 143

듣기 지문 / 색인

1-2

머리말_iii
일러두기_iv
내용 구성_viii

제6과_ 물건 사기 ······ 183
제7과_ 교통 ······ 221
제8과_ 전화 ······ 263
제9과_ 날씨와 계절 ······ 299
제10과_ 휴일과 방학 ······ 337

듣기 지문 / 색인

目录

1-1

前言_iii
凡例_v
目录_x
内容构成_xvii

第一课_ 问候 …… 01
第二课_ 学校和家 …… 31
第三课_ 家人和朋友 …… 69
第四课_ 饮食 …… 105
第五课_ 一天的生活 …… 143

听力原本 / 索引

1-2

前言_iii
凡例_v
目录_x

第六课_ 购物 …… 183
第七课_ 交通 …… 221
第八课_ 电话 …… 263
第九课_ 天气和季节 …… 299
第十课_ 节假日 …… 337

听力原本 / 索引

내용 구성

	제목	소제목	과제	어휘	문법	문화
01	인사	안녕하십니까?	이름 말하기	이름	입니다, 은/는	한국인의 이름 \\ 한국인의 인사 예절
		어느 나라 사람입니까?	국적 말하기	나라 이름	입니까?	
		회사원이 아닙니다	직업 말하기	직업 이름	이/가 아니다	
		반갑습니다	인사 나누기	동사 1	-습니다, -습니까?	
02	학교와 집	이것이 교과서입니까?	물건 이름 말하기	물건 이름	이/가, 이, 그, 저	주말에 갈만한 곳 \\ 한국의 위치와 크기
		지도도 있습니까?	교실 물건 말하기	교실 사물 이름, 형용사 1	도, 있다, 없다	
		은행이 어디에 있습니까?	학교 시설물 위치 말하기	장소 명사, 위치 관련 어휘	에[1]	
		집이 어디입니까?	집 위치 말하기	장소 이름	하고	
03	가족과 친구	가족 사진을 봅니다	지금 하고 있는 일 말하기	동사 2 (-하다)	을/를	호칭 \\ 아줌마와 아저씨
		부모님은 어디에 계십니까?	가족 소개하기	가족 명칭, 존대 어휘, 수 1 (하나-열)	-으시-	
		공기도 좋고 조용합니다	고향에 관해 말하기	형용사 2	-고[1]	
		대학교에서 경제학을 공부합니다	친구에 관해 말하기	전공 관련 어휘	에서	
04	음식	식당에 갑니다	식당에 가기	가다, 오다, 식당 관련 어휘	에 가다, -을까요?[1], -읍시다	한국의 식사 문화 \\ 한국인의 음식 인심
		무슨 음식을 좋아하십니까?	좋아하는 음식 말하기	음식 종류, 맛 관련 어휘	-지 않다, 무슨, ㄹ 동사	
		저는 불고기를 먹고 싶습니다	음식 고르고 권하기	음식 이름	-고 싶다, -겠-[1]	
		여기 물 좀 주십시오	음식 주문하기	음식 관련 단위 명사, 수 2 (일-십)	-으십시오, -을까요?[2]	
05	하루 생활	지금 몇 시예요?	시간 말하기	수 3, 시간	까지, -어요	'일이삼'과 '하나둘셋' \\ 손가락으로 숫자 세기
		오늘이 몇 월 며칠이에요?	날짜와 요일 말하기	날짜, 요일	-지요?, -으세요	
		일곱 시 반에 일어나요	하루 생활 말하기	동사 3	에[2], 부터 ~까지, -고[2]	
		친구하고 무엇을 했어요?	과거 시제(행동) 말하기	시간 관련 어휘	-었-, ㅂ동사	

	제목	소제목	과제	어휘	문법	문화
06	물건 사기	선물을 사러 갑시다	물건 사러 가기	가게 이름	-으러 가다, 과/와	숫자 읽기 \\ 생일
		좋지만 좀 비싸요	물건의 질과 크기 말하기	형용사 3	-지만, -은(관형형[1]), ㅎ동사	
		얼마예요?	물건 값 묻기	여러 가지 단위 명사	-어 주다, 단위 명사	
		깎아 주세요	물건 값 깎기	선물 관련 어휘	에게, -은, -는, -을(관형형[2])	
07	교통	실례지만 길 좀 묻겠습니다	위치, 길 묻기	위치 및 방향 관련 어휘	으로[1], -어서[1]	서울 관광 \\ 서울지하철
		지하철로 40분쯤 걸립니다	교통편과 걸리는 시간 묻기	교통수단	으로[2], 에서 ~까지, -어서[2]	
		사람이 많으니까 조심하세요	교통수단 이용하기	교통수단 이용 관련 어휘	-으니까, -지 말다	
		과일 가게 앞에 세워 주세요	택시 이용하기	택시 이용 관련 어휘	ㄷ 동사, 르 동사	
08	전화	전화번호 좀 가르쳐 주세요	전화번호 말하기	전화번호 관련 어휘	-을게요, 이나	한국인과 휴대전화 \\ 주요 전화번호
		정민철 씨 계세요?	전화 걸기	전화 관련 어휘	-는데요, -은데요	
		늦으면 전화할게요	전화로 약속하기	약속 관련 어휘	에게서, -으면	
		웨이 씨 좀 바꿔 주세요	전화로 상대방 바꿔 달라고 말하기	통화 관련 어휘	-을 거예요, 만	
09	날씨와 계절	저는 스키를 탈 수 있는 겨울이 좋아요	계절에 대해 말하기	계절 관련 어휘	-는데, -은데, -을 수 있다	한국의 봄꽃 \\ 장마와 황사
		날씨가 조금 흐린데요	오늘 날씨 말하기	날씨 관련 어휘	-은 후에, -겠-[2]	
		오늘보다 따뜻할 것 같아요	날씨 비교하여 말하기	날씨 관련 어휘	보다, -을 것 같다	
		저기에서 사람들이 운동을 하고 있어요	계절 활동 말하기	계절 활동 관련 어휘	-는군요, -고 있다	
10	휴일과 방학	설악산에 가려고 해요	계획 말하기	휴일 관련 어휘	-으려고 하다, 동안	한국 영화 \\ 즐거운 노래방
		시간이 있을 때는 여행을 가요	취미 활동 말하기 1	취미 활동 관련 어휘	-을 때, 중에서 ~제일	
		극장에 자주 못 가요	취미 활동 말하기 2	영화 관련 어휘	에 ~쯤, 못	
		산책을 하고 집에서 쉬었어요	주말 활동 이야기하기	운동 관련 어휘	-기 전에, -지 못하다	

内容构成

题目		话题	练习与实践	词汇	语法	文化
1	问候	你好。	说说名字	名字	입니다, 은/는	韩国人的名字 \\ 韩国人的问候礼节
		你是哪国人?	说说国籍	国名	입니까?	
		我不是公司职员。	说说职业	职业	이/가 아니다	
		认识你很高兴。	打招呼	动作动词1	-습니다, -습니까?	
2	学校和家	这是课本吗?	说说东西的名称	东西的名称	이/가, 이, 그, 저	周末值得一去的地方 \\ 韩国的地理位置
		也有地图吗?	说说教室物品	教室物品的名称, 状态动词1	도, 있다, 없다	
		银行在哪儿?	介绍校园设施	处所名词, 与位置相关的词汇	에[1](场所)	
		你家在哪儿?	说说家的位置	场所的名称	하고	
3	家人和朋友	我看家人的照片。	说说现在做的事情	动作动词2(-하다)	을/를	称呼 \\ “ajoomma”和“ajussi”
		你父母在哪儿?	介绍家人	家人的称呼, 敬语, 数字1(하나-열)	-으시-	
		空气新鲜, 也很安静。	介绍家乡	状态动词2	-고[1](列举)	
		他在大学学习经济学。	介绍自己的朋友	与专业相关的词汇	에서(场所)	
4	饮食	我去食堂。	去食堂	가다(去), 오다(来), 与食堂相关的词汇	에 가다, -을까요?[1](提建议), -읍시다	韩国的饮食文化 \\ 韩国人的饮食人心
		你喜欢什么菜?	说说喜欢的饮食	与饮食种类、味道相关的词汇	-지 않다, 무슨, ㄹ 동사	
		我想吃烤肉。	选菜/推荐菜	菜名	-고 싶다, -겠-[1](意志)	
		请给我们一点水。	点菜	与饮食相关的 单位名词, 数字2(일-)	-으십시오, -을까요? 2(提问)	
5	一天的生活	现在几点?	说说时间	数字3, 时间	까지, -어요	“일이삼”和“하나둘셋” \\ 手指数数
		今天几月几号?	说说日期	日期	-지요?, -으세요	
		我七点半起床。	说说一天的生活	动作动词3	에[2](时刻), 부터 ~까지, -고[2](时间顺序)	
		你和朋友做什么了?	过去时(动作)练习	与时间相关的词汇	-었-, ㅂ 동사	

	题目	话题	练习与实践	词汇	语法	文化
6	购物	我们去买礼物吧。	去买东西	商店的名称	-으러 가다, 과/와	如何读数 \ 生日
		很好, 但是有点贵。	说说东西的质量和大小	状态动词3	-지만, -은(定语形词尾1: 状态动词), ㅎ 동사	
		多少钱?	问价	各种单位名词	-어 주다, 单位名词	
		请便宜一点吧。	讲价	与礼物相关的词汇	에게, -은, -는, -을 (定语形词尾2:动作动词)	
7	交通	麻烦一下, 我想问一下路。	问路	与位置和方向相关的词汇	으로[1](方向), -어서[1](顺序)	首尔观光 \ 首尔的地铁
		坐地铁要40分钟。	问交通方式和所需时间	交通方式	으로[2](方式), 에서 ~까지, -어서[2](理由)	
		人很多,小心一点。	利用交通方式	与利用交通方式相关的词汇	-으니까, -지 말다	
		停在水果店前面吧。	坐出租车	与利用出租车相关的词汇	ㄷ 동사, 르 동사	
8	电话	请告诉我你的电话号码。	说说电话号码	与电话号码相关的词汇	-을게요, 이나	韩国人和手机 \ 重要电话号码
		郑敏哲在吗?	打电话	与电话相关的词汇	-는데요, -은데요	
		如果晚点的话, 我会给你打电话的。	打电话约时间	与约时间相关的词汇	에게서, -으면	
		请找一下王伟。	打电话找人	与通话相关的词汇	-을 거예요(将来, 推测), 만	
9	天气和季节	我喜欢冬天, 因为可以滑雪。	说说季节	与季节相关的词汇	-는데, -은데, -을 수 있다	韩国春季里的花 \ 梅雨和沙尘暴
		有一点阴天。	说说今天的天气	与天气相关的词汇	-은 후에, -겠-[2](推测)	
		会比今天暖和些。	比较天气	与天气相关的词汇	보다, -을 것 같다	
		人们在那儿运动呢。	说说季节活动	与季节活动相关的词汇	-는군요, -고 있다	
10	节假日	我打算去雪岳山。	谈计划	与假日相关的词汇	-으려고 하다, 동안	韩国电影 \ 充满欢声笑语的练歌房
		有时间的时候我去旅行。	说说兴趣活动1	与兴趣活动相关的词汇	-을 때, 중에서 ~제일	
		我不能经常去电影院。	说说兴趣活动2	与电影相关的词汇	에 ~쯤, 못	
		我散了散步, 然后就在家休息了。	说说周末活动	与运动相关的词汇	-기 전에, -지 못하다	

제6과 물건 사기

01
제목 | 선물을 사러 갑시다
과제 | 물건 사러가기
어휘 | 가게 이름
문법 | -으러 가다, 과/와

02
제목 | 좋지만 좀 비싸요
과제 | 물건의 질과 크기 말하기
어휘 | 형용사 3
문법 | -지만, 관형사형 어미[1](-은), ㅎ동사

03
제목 | 얼마예요?
과제 | 물건 값 묻기
어휘 | 여러 가지 단위 명사
문법 | -어 주다, 단위 명사

04
제목 | 깎아 주세요
과제 | 물건 값 깎기
어휘 | 선물 관련 어휘
문법 | 에게, 관형사형 어미[2](-은, -는, -을)

05
정리해 봅시다

- 제임스가 본 한국
  숫자 읽기
  생일

01 선물을 사러 갑시다

학습 목표 ● 과제 물건 사러 가기 ● 문법 -으러 가다, 과/와 ● 어휘 가게 이름

오늘은 무슨 날입니까?
마리아와 웨이는 무슨 선물을 삽니까?

CD2: 01~02

마리아	오후에 선물을 사러 갑시다.
웨이	그럽시다. 뭘 살까요?
마리아	장미꽃과 케이크를 삽시다.
웨이	어디에서 살까요?
마리아	학교 앞에 꽃 가게도 있고 빵집도 있어요.
웨이	그럼 거기에 갑시다.

선물 礼物
장미꽃 玫瑰
꽃 花
케이크 蛋糕
꽃 가게 花店
빵 面包
빵집 面包房, 蛋糕店

가게 이름

꽃 가게 | 옷 가게 | 빵 가게 | 과일 가게 | 서점

문방구 | 편의점 | 시장 | 백화점 | 슈퍼마켓

● 연결하십시오.

[보기] 장미꽃 • —— • 꽃 가게

[보기] 장미꽃 •	• 편의점
바지 •	• 옷 가게
연필 •	• 서점
잡지 •	• 빵 가게
케이크 •	• 꽃 가게
맥주 •	• 문방구

문법 연습

-으러 가다

01

1) 쓰십시오.

[보기] 학교, 공부하다 □ 학교에 공부하러 갑니다.

❶ 시장, 옷을 사다 □ ....

❷ 식당, 점심을 먹다 □ ....

❸ 학교 앞, 친구를 만나다 □ ....

2) 묻고 대답하십시오.

[보기] **학교** 가: 학교에 뭘 하러 갑니까?
나: 공부하러 갑니다.

❶ 커피숍

❷ 서점

❸ 공원

❹ 회사

❺ 도서관

과/와

02

말하십시오.

[보기] **책상 위:** 책상 위에 잡지와 읽기 책과 사전과 교과서가 있습니다.

❶ 교실:

❷ 가방:

❸ 냉장고:

과제 1 말하고 쓰기

01 표를 완성하고 묻고 대답하십시오.

어디?	[보기 1] 동대문 시장	
무엇?	옷	
무엇이 좋습니까?	물건이 많다, 값이 싸다	

[보기 2] 가: 어디에 가세요?
나: 동대문 시장에 가요.
가: 무엇을 사러 가세요?
나: 옷을 사러 가요.
가: 동대문 시장이 좋아요?
나: 네, 물건이 많고 값도 싸요.

02 위 대화를 이야기로 쓰십시오.

[보기] 저는 동대문 시장에 갑니다. 옷을 사러 갑니다. 동대문 시장은 물건이 많고 값도 쌉니다.

과제 2 듣고 말하기 [CD2: 03]

01 듣고 대답하십시오

1) 무엇을 삽니까?

2) 두 사람이 가고 싶어 하는 곳과 이유를 아래에서 골라 쓰십시오.

쇼핑 장소	백화점	시장	가게	수퍼마켓	편의점
이유	값이 싸다	친절하다	깨끗하다	조용하다	
	물건이 많다	물건이 좋다	가깝다		

	쇼핑 장소	이유
미선		
영수		

3) 이 두 사람은 어디에서 삽니까?

02 여러분이 자주 가는 쇼핑 장소와 그곳에 가는 이유를 이야기하십시오.

비싸다 贵 **그렇지만** 但是 **아줌마** 婶婶 **장소** 场所 **이유** 理由

对话

玛利亚 我们下午去买礼物吧。
王伟 好的，我们买什么好呢?
玛利亚 买玫瑰和蛋糕吧。
王伟 在哪儿买呢?
玛利亚 学校门口有花店，也有蛋糕店。
王伟 那我们去那儿吧。

문법 설명

01 –으러/러

和动作动词词干连用的连接词尾。跟表示移动的动词("오다", "가다"等)使用，表示移动的目的或者意图。如果动词词干以元音结尾用 "–러", 以辅音结尾用 "–으러"。

- 영화를 보러 갈까요? 我们去看电影怎么样?
- 한잔 하러 갑시다. 我们去喝酒吧。
- 밥 먹으러 식당에 갔다 왔어요. 我去餐馆吃饭了。
- 구경하러 온 사람이 많습니다. 来看的人很多。
- 돈을 찾으러 은행에 갔습니다. 我去银行取钱了。

02 과/와

跟在名词后面表两个或两个以上名词同等排列时使用的助词。如果名词是以辅音结尾用 "과", 如果名词是以元音结尾用 "와", "과/와" 可以同 "하고" 互换使用。

- 나는 봄과 가을을 좋아합니다. 我喜欢春天和秋天。
- 동생과 누나가 집에서 기다립니다. 弟弟和姐姐都在家等。
- 책상 위에 시계와 책이 있습니다. 桌子上有时钟和书。

02 좋지만 좀 비싸요

학습 목표 ● 과제 물건의 질과 크기 말하기 ● 문법 –지만, 관형사형 어미[1](–은), ㅎ동사 ● 어휘 형용사 3

여기가 어디입니까?
웨이와 마리아가 무엇을 삽니까?

CD2: 04 ~ 05

마리아 케이크 있어요?
주인 네, 여기 있습니다.
마리아 좀 큰 건 없어요?
주인 이 케이크는 어때요?
마리아 좋지만 좀 비싸요.
주인 그럼, 이 치즈 케이크를 사세요.

주인 老板
건 的("것"+"은"的缩写)
치즈 起司

색

빨간색

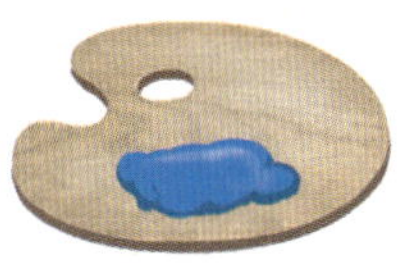
파란색

노란색

하얀색

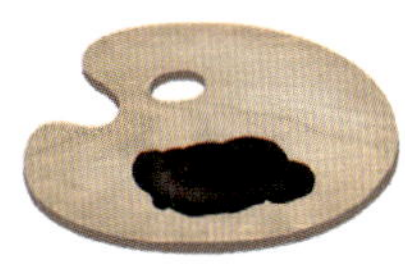
까만색/검은색

형용사 3

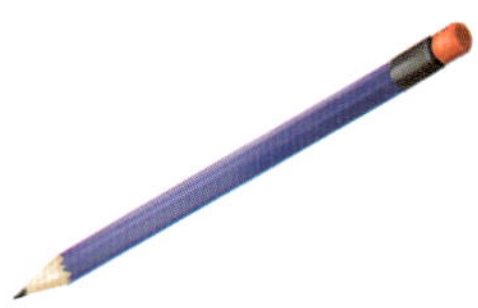
길다

짧다

튼튼하다

약하다

두껍다

얇다

무겁다

가볍다

비싸다

싸다

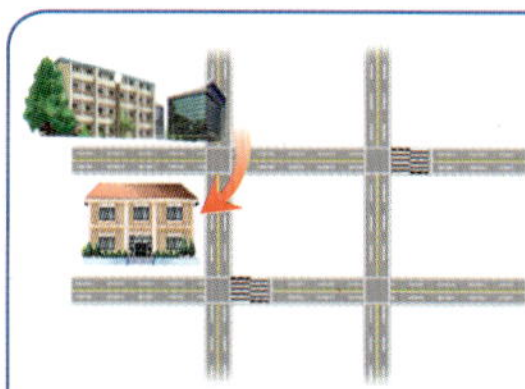
가깝다

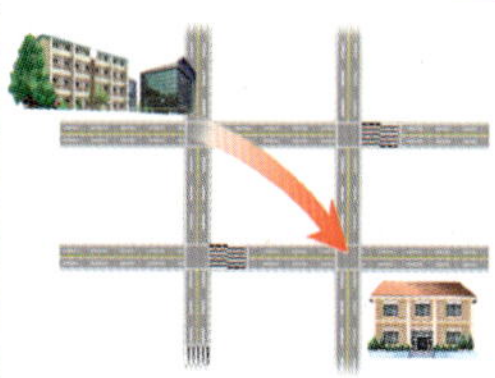
멀다

● 반대말을 쓰십시오.

[보기] 일본은 가깝고 미국은 멉니다.

❶ 백화점 물건은 .... 시장 물건은 ....

❷ 교과서는 .... 읽기책은 ....

❸ 신문은 .... 사전은 ....

문법 연습

-지만

01

1) 한 문장으로 만드십시오.

[보기] 이 코트는 얇습니다. 따뜻합니다.
☐ 이 코트는 얇지만 따뜻합니다.

❶ 갈비는 맛있습니다. 비쌉니다.
☐ ....

❷ 이 가방은 큽니다. 가볍습니다.
☐ ....

❸ 제 하숙집은 멉니다. 좋습니다.
☐ ....

2) 문장을 만드십시오.

맵다	깨끗하다	좁다	맛있다	어렵다
두껍다	가볍다	비싸다	예쁘다	재미있다

[보기] 옷: 이 옷은 예쁘지만 비쌉니다.

❶ 김치 : ....
❷ 한국말 : ....
❸ 교실 : ....
❹ 책 : ....

-은/ㄴ N

02

1) 쓰십시오.

[보기] 시계가 비쌉니다. □ 비싼 시계

❶ 꽃이 예쁩니다. □ ....

❷ 날씨가 따뜻합니다. □ ....

❸ 제 고향이 멉니다. □ ....

2) 대화를 만드십시오.

[보기] **사람** 가: 어떤 사람이 좋아요?
나: 친절한 사람이 좋아요.

❶ 음식

❷ 자동차

❸ 집

❹ 음악

❺ 영화

ㅎ 동사

03

표를 완성하십시오.

	-습니까/ㅂ니까?	-어요/아요/여요	-은/ㄴ 색
어떻다	[보기] 어떻습니까?		
빨갛다			
파랗다		파래요	
노랗다			
까맣다			까만색
하얗다			

과제 1 말하기

01 하나를 골라 묻고 대답하십시오.

	물건	특징		
옷 가게	바지 1	빨간색	얇다	짧다
	바지 2	파란색	두껍다	길다
	바지 3	검은색	두껍다	짧다
과일 가게	사과 1	달다	작다	싸다
	사과 2	시원하다	크다	비싸다
	사과 3	맛있다	크다	싸다
책 가게	잡지 1	두껍다	무겁다	재미있다
	잡지 2	얇다	가볍다	재미없다
	잡지 3	두껍다	가볍다	재미있다

[보기] 가: 바지 있어요?
나: 네, 이 빨간색 바지는 어때요?
가: 좀 얇아요.
나: 그럼, 이 파란색 바지는 어떻습니까?
가: 이건 두껍지만 좀 길어요.
나: 이 검은색 바지는 어떻습니까? 두껍고 길지 않아요.
가: 네, 그 바지를 사겠습니다.

과제 2 듣고 말하기 [CD2: 06]

01 듣고 대답하십시오.

1) 어디에서 하는 대화입니까?

❶ 옷 가게　　② 구두 가게　　③ 가방 가게　　④ 빵 가게

2) 정희 씨가 사고 싶어 하는 가방과 주인이 고른 가방은 어떤 가방입니까? 쓰십시오.

크다　작다　예쁘다　싸다　비싸다　튼튼하다

주인	.... 은/ㄴ 가방
정희	.... 은/ㄴ 가방

3) 정희 씨는 가방을 왜 사지 않았습니까?

02 여러분이 산 물건을 소개하십시오.

[보기] 어제 시장에서 이 지갑을 샀습니다. 좀 비싸지만 아주 예쁩니다. 빨간색이고 작지만 튼튼합니다.

보여 주다 给……看　**다르다** 不同　**죄송하다** 对不起　**다시** 再　**또** 又

对话

玛利亚	有蛋糕吗?
店　员	有，在这儿。
玛利亚	没有大一点的吗?
店　员	这个怎么样?
玛利亚	很好，但是有点贵。
店　员	那你买这个起司蛋糕吧。

문법 설명

01 –지만

和动作动词和状态动词连用的连接词尾，用来表示转折。

- 값은 비싸지만 물건이 좋아요.　价钱虽然贵了一点，但是产品质量很好。
- 바람은 불지만 비는 안 와요.　虽然刮风了，但是没有下雨。
- 그 사람은 부자이지만 돈을 안 써요.　他虽然很有钱，但是很小气。
- 약을 먹었지만 낫지 않아요.　虽然我吃过药了，但是病还没好。

02 定语形词尾[1] (状态动词) –은

用在状态动词后面修饰名词的定语形词尾，表示现在的状态。如果状态动词词干以辅音结尾用“–은”，状态动词词干以元音结尾用“–ㄴ”。

꽃이 예쁩니다. 예쁘 + ㄴ + 꽃 → 예쁜 꽃
집이 좋습니다. 좋 + 은 + 집 → 좋은 집

- 키가 큰 사람이 동생입니다.　个子高的是我弟弟。
- 오늘은 바쁜 날입니다.　今天是繁忙的一天。
- 돈이 많은 사람이 한턱내십시오.　请有钱人请客吧。

03 ㅎ动词

动词词干以"ㅎ"结尾的大部分动词是不规则变化动词。像"빨갛다、노랗다"等状态动词的词干紧跟着以元音开头的词尾时，"ㅎ"脱落；紧跟着以"으"开头的词尾，如"-으니까"、"-은"、"-을까요"时，词干"ㅎ"和词尾"으"都脱落；紧跟着以"-어/아/여"开头的词尾，如"-어서/아서/여서"、"-었/았/였-"时，"ㅎ"脱落后留下的词干里的元音和词尾里的元音结合成"애"。但是"좋다"是规则变化动词。

빨갛다　　빨갛 + ㄴ → 빨간
어떻다　　어떻 + ㄹ까요? → 어떨까요?
그렇다　　그렇 + 면 → 그러면

- 어떤 색을 좋아합니까?　你喜欢什么颜色?
- 노란색을 싫어합니다.　你不喜欢黄色吗?
- 그러면 내일 만납시다.　那么，我们明天见面吧。
- 까만 바지가 어떨까요?　黑裤子怎么样?

	-은/ㄴ	-으면/면	-어서/아서/여서	-었어요/았어요/였어요
빨갛다	빨간	빨가면	빨개서	빨갰어요
파랗다	파란	파라면	파래서	파랬어요
노랗다	노란	노라면	노래서	노랬어요
하얗다	하얀	하야면	하얘서	하얬어요
까맣다	까만	까마면	까매서	까맸어요
어떻다	어떤	어떠면	어때서	어땠어요
이렇다	이런	이러면	이래서	이랬어요
저렇다	저런	저러면	저래서	저랬어요
그렇다	그런	그러면	그래서	그랬어요

03 얼마예요?

학습 목표 ● 과제 물건 값 묻기 ● 문법 -어 주다, 단위 명사 ● 어휘 여러 가지 단위 명사

여기가 어디입니까?
웨이와 마리아가 무엇을 삽니까?

CD2: 07 ~ 08

웨이 장미꽃 좀 보여 주세요.

주인 네, 구경하세요.

웨이 얼마예요?

주인 한 송이에 1,000원입니다.

웨이 이건 얼마예요?

주인 그건 한 송이에 1,500원입니다.

구경하다 看看

얼마 多少

송이 枝, 朵

어휘

여러 가지 단위 명사

자동차 한 **대**

커피 일곱 **잔**

신발 두 **켤레**

식빵 여덟 **개**

생선 세 **마리**

연필 아홉 **자루**

티셔츠 네 **벌**

꽃 열 **송이**

교과서 다섯 **권**

지하철표 열 한 **장**

콜라 여섯 **병**

껌 세 **통**

어휘

01 쓰십시오.

[보기] 책 세 권

❶ ....

❷ ....

❸ ....

❹ ....

❺ ....

❻ ....

❼ ....

문법 연습

-어 주다

01 쓰십시오.

[보기] 돈이 없습니다. 돈을 빌려 주십시오. (빌리다)

❶ 춥습니다. 창문을 ______________.(닫다)
❷ 불고기가 먹고 싶습니다. 불고기를 ______________.(만들다)
❸ 오늘은 좀 바쁩니다. 내일 ______________.(전화하다)
❹ 꽃이 예쁩니다. 이 꽃을 ______________.(사다)
❺ 일이 많습니다. ______________.(돕다)

단위 명사

02 대화를 완성하십시오.

[보기] 가: 교과서가 몇 권 있습니까? (3)
나: 세 권 있습니다.

❶ 가: 연필을 몇 자루 샀습니까? (2)
나: ______________

❷ 가: 신발이 몇 켤레 있습니까? (4)
나: ______________

❸ 가: 커피 한 잔에 얼마예요? (2,000원)
나: ______________

❹ 가: ______________?
나: 맥주가 다섯 병 있습니다.

❺ 가: ______________?
나: 장미꽃을 열 송이 샀습니다.

과제 1 말하기

한 사람은 손님, 다른 사람은 주인이 되어 이야기하십시오.

[보기] 주인: 어서 오십시오.
손님: 바지 좀 보여 주세요.
주인: 여기 있습니다. 구경하세요.
손님: 이 바지 얼마예요?
주인: 한 벌에 45,000원입니다.
손님: 이 스웨터는 얼마예요?
주인: 한 벌에 15,000원입니다.
손님: 그럼 바지 한 벌하고 스웨터 한 벌을 주세요. 모두 얼마예요?
주인: 60,000원입니다.

15,000원	8,000원	35,000원	45,000원

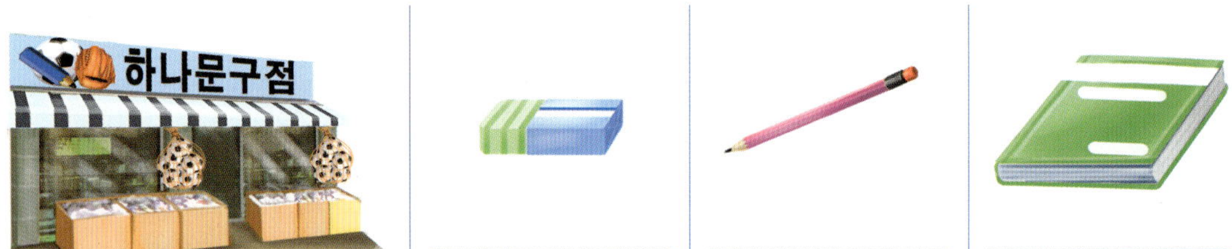

1,000원	1,000원	500원

2,500원	3,000원	1,500원	5,000원

치마 裙子 **바나나** 香蕉 **귤** 橘子 **포도** 葡萄 **튤립** 郁金香

과제 2

듣기 [CD2: 09]

01 듣고 표를 완성하십시오.

	대화 1	대화 2	대화 3
어디에 갔습니까?			
무엇을 샀습니까?			
몇 개(벌, 권, 자루...) 샀습니까?			
모두 얼마입니까?			

对话

王伟	请给我看看玫瑰。
店员	好，请看吧。
王伟	多少钱?
店员	1000元一枝。
王伟	这些呢?
店员	那些1500元一枝。

문법 설명

01 –어/아/여 주다

和动作动词词干连用，表示请求别人的帮助或者说话人给别人提供帮助。如果听话人是长辈或者上级，用"–어/아/여 드리다"。动作动词词干以"아"或"오"结尾时用"–아 주다"；动作动词词干以其他元音结尾时用"–어 주다"。"하다"的时候用"–여 주다"，一般缩写成"–해 주다"。

- 전화번호 좀 알려 주십시오. 请告诉我一下电话号码。
- 이름을 써 주세요. 请写下你的名字。
- 친구에게 우산을 빌려 주었어요. 我把伞借给朋友了。
- 누가 한국말을 가르쳐 주셨어요? 谁教你韩语的?
- 제가 도와 드리겠습니다. 我来帮您。

02 单位名词

数事物时用表示单位的单位名词。单位名词同名词是搭配使用的，并且数词要放在其前面。根据单位名词的不同，数词的读法分为"일、이、삼……"和"한、두、세……"两种。

- 연필 한 자루 주세요. 请给我一支铅笔。
- 맥주 두 병에 얼마예요? 两瓶啤酒多少钱?
- 공책이 몇 권 있습니까? 有几个本子?
- 집에서 개 두 마리하고 고양이 한 마리를 기릅니다. 我家养了两条狗和一只猫。
- 사탕 한 개하고 초콜릿 두 개를 샀습니다. 我买了一块糖和两块巧克力。

단위명사 单位名词	대상 명사 搭配使用的名词	단위명사 单位名词	대상 명사 搭配使用的名词
개 个	물건 东西	번 次	횟수 次数
권 本	책 书, 공책 本子	송이 朵/枝	꽃 花
병 瓶	맥주 啤酒, 물 水, 콜라 可乐	통 盒/封	껌 口香糖, 편지 信 , 과자 饼干
사람/명/분 个/名/位	사람 人	대 台	자동차 汽车, 냉장고 冰箱, 텔레비전 电视
잔 杯	커피 咖啡, 물 水, 차 茶, 맥주 啤酒	켤레 双	신발 鞋子, 양말 袜子, 장갑 手套
장 张	종이 纸 우표 邮票, 표 票	벌 件	옷 衣服
자루 支	연필 铅笔, 볼펜 圆珠笔	마리 只	동물 动物, 물고기 鱼
살 岁	나이 年龄	시간 小时	시간 时间
갑 包	담배 香烟, 성냥 火柴	달 个月	달 个月, 月份

下面这些词用"일、이、삼、사……"。

단위명사 单位名词	대상 명사 搭配使用的名词	단위명사 单位名词	대상 명사 搭配使用的名词
층 楼层	건물 楼, 大楼, 建筑	일 天	시간 时间
호실 房间号	방 房间	주일 星期	시간 时间
인분 (几)份	음식 菜	년 年	시간 时间

04 깎아 주세요

학습 목표 ● 과제 물건 값 깎기 ● 문법 에게, 관형사형 어미[2](-는, -은, -을) ● 어휘 선물 관련 어휘

마리아와 웨이는 무엇을 얼마나 샀습니까?
물건을 사고 싶지만 비쌉니다. 어떻게 말합니까?

CD2: 10 ~ 11

마리아 장미꽃 10송이 주세요.

주인 누구에게 선물합니까?

마리아 친구에게 선물해요. 친구가 좋아하는 꽃이에요.

주인 여기 있습니다. 15,000원입니다.

마리아 좀 비싸요. 깎아 주세요.

주인 그럼 14,000원 주십시오.

선물하다 送礼物
깎다 削减

어휘

선물

 꽃다발	 손수건	 상품권	 인형
 화장품	 향수	 액세서리	 만년필

선물을 주다(드리다)

친구 동생	에게	전화하다		선물을 주다	
아버지 어머니 할아버지 할머니 선생님	께	전화를 드리다		선물을 드리다	

● 쓰십시오.

졸리는 프랑스 사람입니다. 한국 대학교에서 프랑스어를 가르칩니다. 프랑스 가족들에게 자주 ([보기] 전화합니다). 다음 달에 프랑스로 돌아갑니다. 가족들 선물을 샀습니다. 어머니께 향수를 ( ). 아버지께 넥타이를 ( ). 여동생에게 한국 노래 CD를 ( ).

문법 연습

에게

01 누구에게 무슨 선물을 하겠습니까? 이야기하십시오.

[보기] 크리스마스에 아버지께 손수건을 선물하고 싶습니다.

❶ 친구의 생일
❷ 친구의 결혼식
❸ 가족의 생일

-은, -는, -을 N

02 1) 그림을 보고 말하십시오.

[보기] 영수 씨하고 이야기하는 사람이 정희예요.

2) 표를 완성하고 말하십시오.

질문	대답
아침에 무슨 음식을 먹었습니까?	김밥
어느 나라를 여행했습니까?	
지난주에 누구를 만났습니까?	
저녁에 무슨 TV 프로그램을 보겠습니까?	
주말에 어디에 가겠습니까?	

[보기] 아침에 먹은 음식은 김밥이에요.

과제 1 읽기

● 읽고 대답하십시오.

01 가게를 순서대로 쓰십시오.

어제 저는 친구와 같이 남대문 시장에 갔습니다. 가족들에게 줄 크리스마스 선물을 사고 싶었습니다. 남대문 시장에는 여러 가지 가게가 아주 많았습니다. 먼저 옷 가게에 갔습니다. 옷 가게에서 남동생에게 줄 바지를 샀습니다. 언니에게 줄 예쁜 티셔츠도 샀습니다. 그리고 인형 가게에 갔습니다. 인형 가게에서 한복을 입은 인형을 샀습니다. 어머니께 드리겠습니다. 인형 가게 옆에는 넥타이 가게가 있었습니다. 거기에서 아버지께 드릴 넥타이핀을 샀습니다. 조금 피곤했지만 가족들에게 줄 선물을 샀습니다. 그래서 기분이 참 좋았습니다.

(　　　　　) 가게 → (　　　　　) 가게 → (　　　　　) 가게

02 가족들에게 무슨 선물을 주겠습니까?

아버지:

어머니:

언니:

동생:

03 맞으면 O, 틀리면 X 표시를 하십시오.

❶ 남대문 시장에서 친구 선물을 샀습니다. (　　　)

❷ 언니는 인형을 좋아합니다. (　　　)

❸ 언니와 동생에게 옷을 선물하겠습니다. (　　　)

❹ 어제는 좀 피곤했습니다. (　　　)

여러 가지 各种，种种　먼저 先　한복 韩服　넥타이핀 领带夹　피곤하다 累

과제 2 말하기

01 50,000원으로 선물을 삽니다. 대화를 만드십시오.

[보기] 주인: 어서 오세요.
손님: 이 만년필 얼마예요?
주인: 만 원입니다.
손님: 이 선글라스는요?
주인: 이만 원입니다.
손님: 좀 깎아 주세요.
주인: 그럼 만 구천 원 주십시오.

목걸이 项链　선글라스 太阳镜

对话

玛利亚	请给我十枝那种玫瑰。
店 员	您想送给谁?
玛利亚	我要送给我的朋友，玫瑰是他最喜欢的花。
店 员	给您，15,000。
玛利亚	有点贵。 请便宜一点吧。
店 员	那您给我14,000吧。

문법 설명

01 에게

和表示人或动物的名词连用的助词，后面跟一个具体的动作。主要与“주다、보내다、가르치다、빌려주다”及相似的动作动词连用，并且“에게/한테/께”前面的名词是动作的接受者。在口语中、常用到“한테”，而“께”是“에게/한테”的敬语。

- 동생에게 편지를 보냈습니다. 我给我弟弟寄了一封信。
- 친구한테 책을 빌려 주었습니다. 我借给了朋友一本书。
- 부모님께 전화를 했습니다. 我给父母打电话了。
- 저에게 한국말을 가르쳐 주세요. 请教我韩语。
- 그 이야기를 미선 씨한테 하지 마세요. 不要和美善说那件事

02 定语形词尾 2 (动作动词) -는, -은/ㄴ, -을/ㄹ

跟在动作动词词干后面，修饰后面的名词。如果动作是已经完成了的用“-은/ㄴ”; 是正在进行中的用“-는”; 是表示对将来推测的用“-을/ㄹ”。

• 조금 전에 부른 노래 제목이 뭐예요?	你刚刚唱的那首歌叫什么名字?
• 제 친구 중에는 아직 결혼한 사람이 없어요.	我的朋友之中还没有结了婚的。
• 지금 일하는 회사가 어디예요?	你在哪家公司上班?
• 모르는 것이 있으면 질문하세요.	如果你有什么不明白的就问我。
• 냉장고에 먹을 것이 하나도 없어요.	冰箱里什么吃的都没有。
• 만날 사람이 있어서 지금 시내에 갑니다.	我要去市内和别人见面。

05 정리해 봅시다

● 읽어 봅시다 [CD2: 12]

1. 뭘 살까요?
2. 좀 큰 건 없습니까?
3. 천오백 원입니다
4. 깎아 주십시오

● 확인해 봅시다

I

01 그림을 보고 쓰십시오.

[보기] (크다/작다) 공책: 큰 공책 세 권하고 작은 공책 두 권

❶ (빨갛다/노랗다) 꽃: ....

❷ (길다/짧다) 연필: ....

❸ (싸다/비싸다) 시계: ....

❹ (얇다/두껍다) 사전: ....

정리

II

01 잃어버린 가방을 설명하는 글을 쓰십시오.

[보기] 제가 검은색 가방을 잃어버렸어요.
그 가방은 어깨에 메는 가방이에요.
그리고 그 가방 안에는 ....

....

꼭 찾아 주세요. 그리고 저한테 연락해 주세요.

여러분이 가방을 잃어버렸습니다. 어떻게 설명하고 부탁하겠습니까?

정리

III

01 오늘 우리 반 OOO 씨의 생일입니다. 가게에 가서 선물을 사십시오.

[보기] 손님: 케이크 있어요?
주인: 네, 여기 있습니다.
손님: 좀 큰 건 없어요?
주인: 그럼 이 하얀 케이크가 어떠세요?
손님: 얼마예요?
주인: 5만원입니다.
손님: 좀 비싸요.
주인: 그럼 이 초콜릿 케이크를 사세요.
손님: 네, 그걸 주세요.

케이크: .... 꽃: .... 선물: ....

OOO 씨에게 가장 좋아하는 케이크와 꽃, 선물을 물어보십시오.
어느 팀이 제일 잘 골랐습니까?

02 생각나는 단어를 3개씩 쓰십시오.

- 한 사람씩 자신이 쓴 물건을 하나씩 말하십시오
- 다른 사람들은 잘 듣고 같은 물건이 있으면 지우십시오.
  제일 많이 지운 사람이 이깁니다.

[보기] 작은 집 아기 눈

❶ 예쁜 ______ ______ ______
❷ 어려운 ______ ______ ______
❸ 큰 ______ ______ ______
❹ 따뜻한 ______ ______ ______
❺ 깨끗한 ______ ______ ______
❻ 싼 ______ ______ ______

제임스가 본 한국

如何读数

韩语中的数字既难听懂又难说对。因为每个国家都使用阿拉伯数字，所以看数字还是很简单的。但是听和说真的是很折磨人的一件事情。所以我第一次来韩国买东西的时候，总是给店员一张面额很大的钱，然后等着他给我找零钱。因此我的口袋里总是塞满了零钱。

用韩语读数字的时候是四个数字一停顿，先是"일(一)、십(十)、백(百)、(千)、만(万)"，然后是"십만(十万)、백만(百万)、천만(千万)、억(亿)"。我告诉美善这样读起来很容易搞混淆，但是她觉得这种方法比较容易，反而觉得英语读法对于她来说更难一些。所以我们聊天的时候一遇数字就把它写下来。

다음 숫자를 읽으십시오.

1) 250 | 0000개 (만)

2) 8 | 6249 | 2061명 (억, 만)

3) 5 | 0320 | 0702 | 0030 (조, 억, 만)

生日

在韩国，过生日的时候，通常朋友们会准备生日礼物、生日蛋糕和鲜花来为你庆祝生日。过生日的人在餐馆或是在家里请客。

不久以前，美善请我参加她的生日聚会，我就带着一份小礼物和蛋糕去了她家。我到她家的时候，饭菜都已经准备好了，是美善的妈妈为美善准备的。吃饭的时候，我们吃了好多菜，还喝了美善妈妈特意准备的海带汤。海带汤是“生日特色菜”，美善和她的朋友们都很喜欢。我问美善海带汤为什么是“生日特色菜”呢？ 美善告诉我，韩国的妇女们在生完孩子以后，都会喝海带汤，所以现在过生日的时候喝海带汤，也算是为了纪念这种传统的习俗。

晚饭后，我们在生日蛋糕上插满了代表美善年龄的生日蜡烛，唱起了生日歌。这首歌的旋律我早就知道了，所以很容易唱。

여러분도 불러 보십시오.

제7과 교통

01
제목 | 실례지만 길 좀 묻겠습니다
과제 | 위치, 길 묻기
어휘 | 위치 및 방향 관련 어휘
문법 | 으로[1], -어서[1]

02
제목 | 지하철로 40분쯤 걸립니다
과제 | 교통편과 걸리는 시간 묻기
어휘 | 교통수단
문법 | 으로[2], 에서 ~까지, -어서[2]

03
제목 | 사람이 많으니까 조심하세요
과제 | 교통수단 이용하기
어휘 | 교통수단 이용 관련 어휘
문법 | -으니까, -지 말다

04
제목 | 과일 가게 앞에 세워 주세요
과제 | 택시 이용하기
어휘 | 택시 이용 관련 어휘
문법 | ㄷ 동사, ㄹ 동사

05
정리해 봅시다

- 제임스가 본 한국
  서울 관광
  서울 지하철

01 실례지만 길 좀 묻겠습니다

학습 목표 ● 과제 위치, 길 묻기 ● 문법 으로[1], -어서[1] ● 어휘 위치 및 방향 관련 어휘

제임스와 리에가 어디에 갑니까?
어떻게 묻습니까?

CD2: 13~14

제임스	실례지만 길 좀 묻겠습니다.
남자	어딜 찾으세요?
제임스	연세아파트가 어디에 있습니까?
남자	잠실역 근처에 있습니다.
제임스	잠실역에서 어떻게 갑니까?
남자	잠실역 6번 출구로 나가서 왼쪽으로 가세요.

남자 男，男人
실례 麻烦一下，劳驾
길 路，街
묻다 询问
찾다 找
아파트 公寓
번 号
출구 出口
왼쪽 左边

어휘

방향

이쪽

그쪽

저쪽

왼쪽

오른쪽

어휘

- 묻고 대답하십시오.

[보기] 가: 편의점이 어디에 있습니까?

나: 건너편에 있습니다. 횡단보도로 건너세요.

문법 연습

으로[1]

01 묻고 대답하십시오.

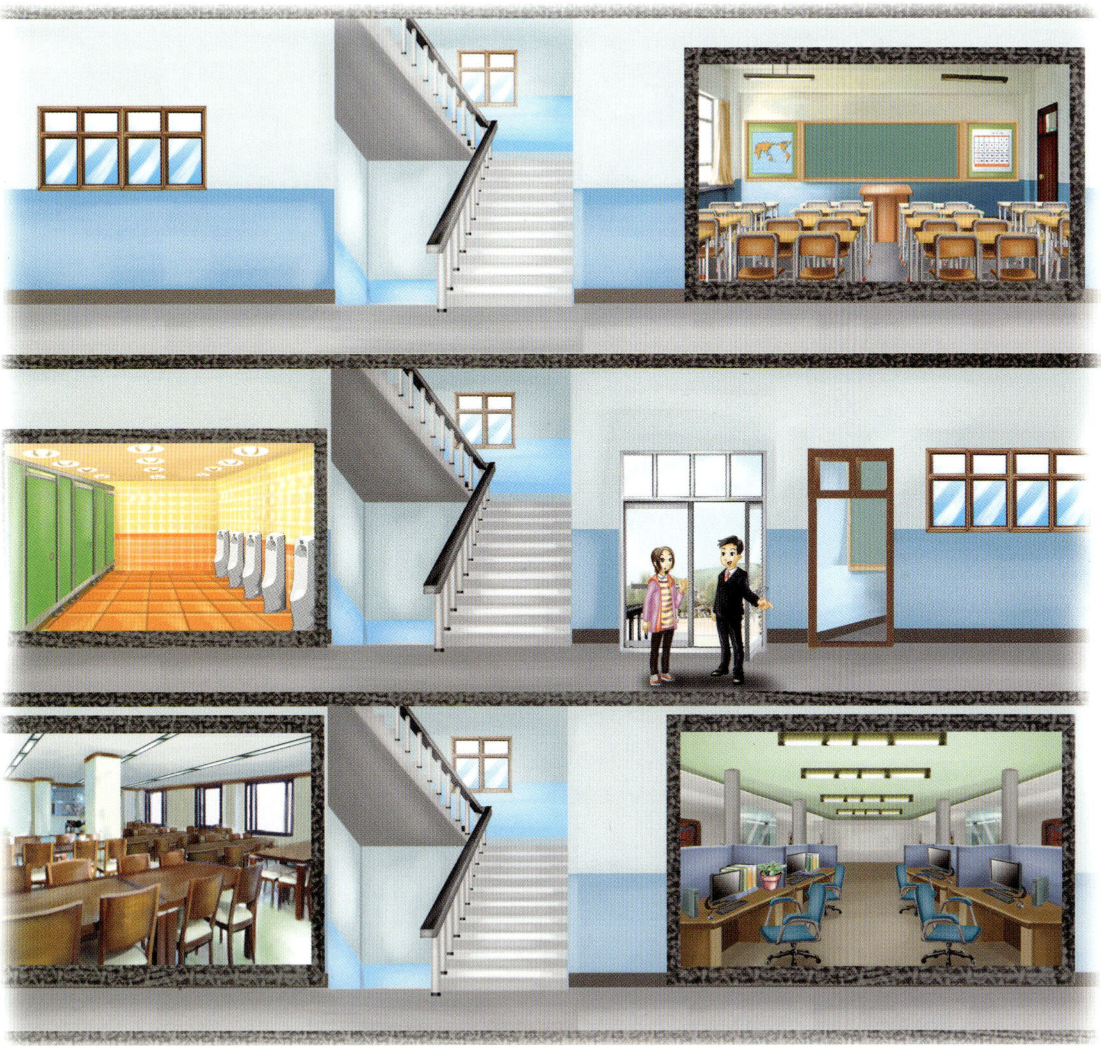

[보기] 가: 식당이 어디에 있습니까?
나: 아래층으로 내려가세요.

❶ 사무실

❷ 화장실

❸ 교실

문법 연습

02

-어서[1]

1) 한 문장으로 만드십시오.

[보기] 극장에 갑니다. 영화를 봅니다.
→ 극장에 가서 영화를 봅니다.

❶ 옷을 삽니다. 입습니다.
→ ......

❷ 중국 음식을 만듭니다. 먹습니다.
→ ......

❸ 한국에 왔습니다. 한국어를 공부합니다.
→ ......

2) '리에 씨의 하루' 입니다. 표를 보고 말하십시오.

오전 7시	일어납니다. 세수를 합니다.
9시	학교에 갑니다. 공부를 합니다.
오후 1시	샌드위치를 삽니다. 샌드위치를 먹습니다.
3시	친구를 만납니다. 영화를 봅니다.
저녁 7시	집에 옵니다. 숙제를 합니다.

[보기] 일어나서 세수를 합니다.

과제 1 말하기

01 그림을 보고 묻고 대답하십시오.

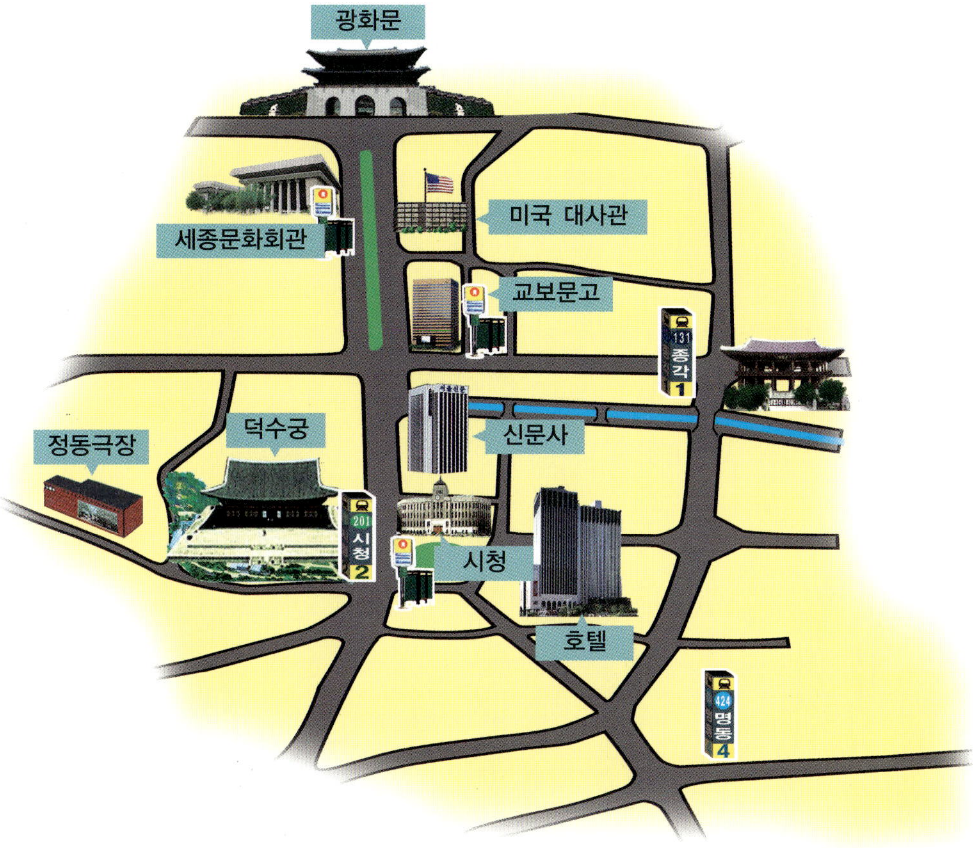

[보기] 가: 실례지만 길 좀 묻겠습니다.
나: 어딜 찾으십니까?
가: 교보문고가 어디에 있습니까?
나: 광화문에 있습니다.
가: 종각역에서 어떻게 갑니까?
나: 광화문 쪽으로 나와서 똑바로 가세요.

호텔 饭店，宾馆 **신문사** 报社 **미술관** 美术馆 **대사관** 大使馆 **똑바로** 直 **나오다** 出来

과제 2 듣고 말하기 [CD2: 15]

● 듣고 대답하십시오.

01

1) 두 사람은 어디에서 삽니까?

방향	사는 곳
동문 쪽, 북문 쪽, 정문 쪽, 서문 쪽	기숙사, 하숙집, 오피스텔, 원룸

리에: ____________, ____________

웨이: ____________, ____________

2) 두 사람이 사는 곳을 지도에 표시하십시오.

02 여러분의 집 위치를 이야기하십시오.

[보기] "저는 학교 근처에 삽니다. 우리 집은 학교 정문 쪽에 있습니다.
정문에서 똑바로 가십시오. 백화점에서 오른쪽으로 조금 갑니다. 식당 옆 원룸이 우리 집입니다."

동문 东门 **북문** 北门 **서문** 西门 **기숙사** 宿舍 **오피스텔** 办公综合楼 (office+hotel) **원룸** 套房

对话

詹姆斯	麻烦一下，我想问一下路。
男 人	你找哪儿?
詹姆斯	延世公寓在哪儿?
男 人	在簪室站附近。
詹姆斯	从簪室站到那儿怎么走?
男 人	从簪室站六号口出去，向左转。

문법 설명

01 으로/로[1]

跟在处所名词后面的助词，表示方向。通常后面跟 "가다、오다、돌아가다(回去)、돌아오다(回来)"等动词。以辅音结束时用‘으로’，以元音或"ㄹ"结束时用"로"。

- 어디로 가십니까? 您去哪儿?
- 사무실로 갑니다. 我去办公室。
- 식당으로 갑시다. 我们去食堂吧。

02 –어서/아서/여서[1]

跟在动词词干后面的连接词尾，表示前句的动作发生以后，后句的动作紧跟着才发生，而且两个分句的动作密切相关。"–었/았/였–"和"–겠–"不能用在"–어서/아서/여서"前面。动词词干以"아、오"结尾时用"–아서"，动词词干以其他元音结尾时用"–어서"，动词"하다"用"–여서"，一般缩写成"해서"。

- 야채를 씻어서 냉장고에 넣었습니다. 我把蔬菜洗好放进冰箱里了。
- 편지를 써서 부쳤습니다. 我写完信寄了出去。
- 여기에 앉아서 기다리십시오. 请你在这儿坐着等一等吧。
- 집에 가서 점심을 먹습니다. 我回家吃饭。
- 아침에 일어나서 운동을 하세요? 你早上起床后锻炼身体吗？

02 지하철로 40분쯤 걸립니다

학습 목표 ● 과제 교통편과 걸리는 시간 묻기 ● 문법 으로[2], 에서 ~까지, -어서[2] ● 어휘 교통수단

제임스와 리에가 무엇을 묻습니까?
제임스와 리에가 어떻게 말합니까?

CD2: 16~17

리에 여기서 잠실까지 얼마나 걸려요?
남자 지하철로 40분쯤 걸립니다.
리에 몇 호선을 타요?
남자 2호선을 타세요.
리에 버스는 없어요?
남자 교통이 복잡해서 시간이 많이 걸립니다.

얼마나 多少，多长
걸리다 要(时间)
호선 号线
교통 交通

교통수단

지하철

버스

시내버스

고속버스

마을버스

택시

일반택시

모범택시

자동차

기차

자전거

비행기

배

- 무엇을 타고 갈 수 있습니까? 쓰십시오.

[보기] 학교 – 지하철, 시내버스, 마을버스, 택시, 자동차, 자전거

❶ 동대문 운동장

❷ 부산

❸ 제주도

❹ 베트남

문법 연습

으로²

01 연결하고 문장을 만드십시오.

[보기] 이름	비디오	쓰십시오
① 영화	연필	공부합니다
② 냉면	이메일	합시다
③ 연락	젓가락	먹습니다
④ 한국말	교과서	봅니다

[보기] 이름을 연필로 쓰십시오.

에서 ~까지

02 말하십시오.

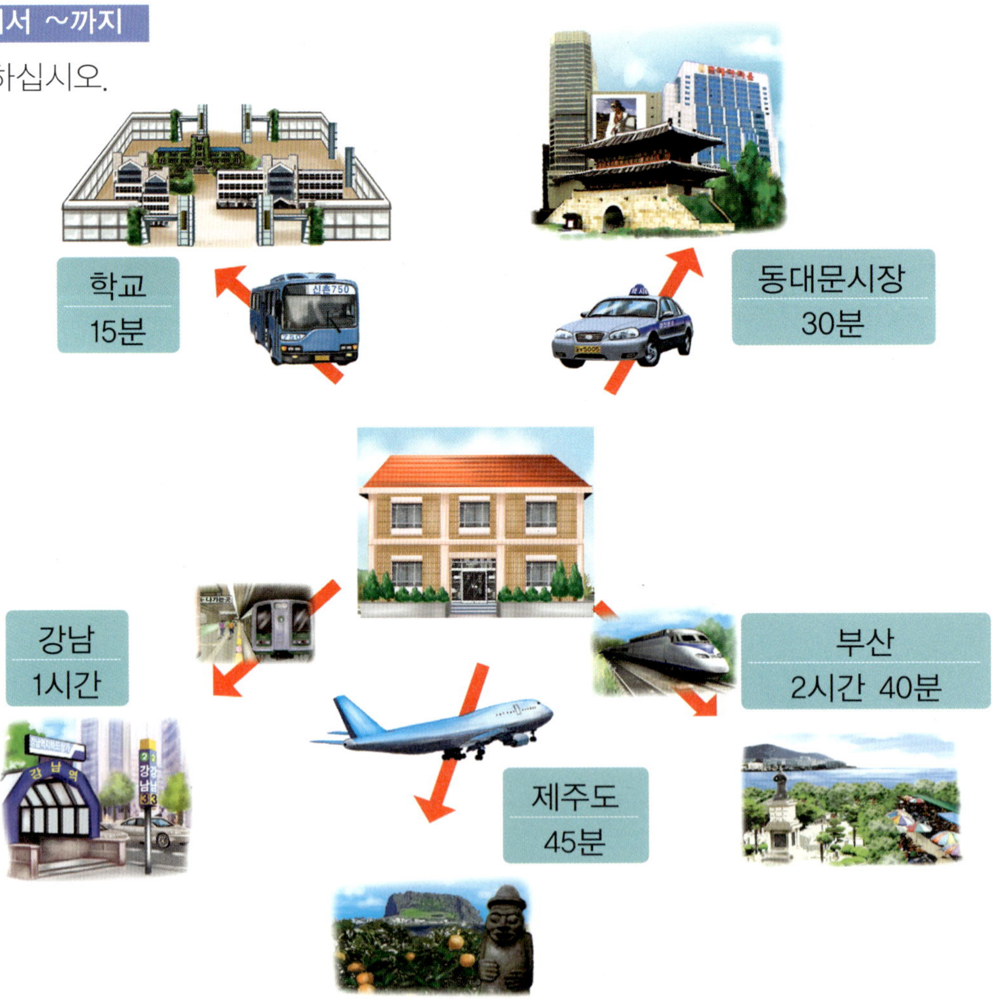

[보기] 집에서 학교까지 버스로 15분 걸려요.

-어서²

03 연결하고 한 문장으로 말하십시오.

[보기] 영화를 좋아합니다.	학교에 늦었습니다.
❶ 여름에 입을 옷이 없습니다.	백화점에 갑니다.
❷ 차가 밀립니다.	극장에 자주 갑니다.
❸ 배가 아픕니다.	바쁩니다.
❹ 아르바이트를 합니다.	병원에 갑니다.

[보기] 영화를 좋아해서 극장에 자주 갑니다.

2) 이야기를 만드십시오.

[보기] 어제 친구 생일이어서 친구하고 술을 마셨어요.
그런데 술을 많이 마셔서 머리가 아팠어요.
머리가 아파서 잠을 많이 잤어요.
잠을 많이 자서 학교에 늦었어요.
학교에 늦어서 기분이 나빴어요.

과제 1 말하기

01 묻고 대답하십시오.

[보기] 가: 학교까지 어떻게 옵니까?
나: 버스로 옵니다.
가: 얼마나 걸립니까?
나: 10분쯤 걸립니다.

이름	어떻게	얼마나
제임스	버스	10분쯤

02 이야기하십시오.

[보기] 제임스 씨는 학교까지 버스로 옵니다.
집에서 학교까지 버스로 10분쯤 걸립니다.

과제 2 읽고 쓰기

01 읽고 대답하십시오.

어제 호수공원에 갔습니다. 지하철로 갔습니다.
친구들을 서울역에서 만났습니다.
서울역에서 호수공원까지 40분 걸렸습니다.
지하철은 좀 복잡했습니다.
서울역에는 버스도 있었습니다.
버스에는 자리가 많았지만 버스를 타지 않았습니다.
보통 호수공원까지 버스로 1시간 10분쯤 걸립니다.
값도 조금 비쌌습니다.

1) 표를 완성하십시오.

어디에?	무엇으로?	얼마나? (시간)

2) 버스는 어땠습니까?

❶ 아주 복잡했습니다. ❷ 자리가 없었습니다.
❸ 보통 오래 걸립니다. ❹ 값이 쌌습니다.

02 여러분 이야기를 표에 정리하고 위와 같이 쓰십시오.

간 곳	교통수단	떠난 곳	걸린 시간

호수 湖水 **빨리** 快 **자리** 座位 **오래** 久 **곳** 地方 **교통수단** 交通方式 **떠나다** 离开

对话

理惠 从这儿到簪室要多长时间?
男人 坐地铁要40分钟。
理惠 我应该坐几号线?
男人 坐二号线吧。
理惠 没有到那儿的公共汽车吗?
男人 有，但是交通拥挤需要很长时间。

문법 설명

01 으로/로[2]

表示方式、原因、理由、资格等等的助词。

- 젓가락으로 먹습니다. 我用筷子吃饭。
- 한국말로 말하십시오. 请用韩语说吧。
- 버스로 왔습니다. 坐公共汽车来的。
- 연필로 씁니다. 用铅笔写。
- 김치는 배추로 만듭니다. 泡菜用白菜来做。

02 에서 ~까지

用时间名词和处所名词一起使用，表示起始点和终止点。

- 여기서 종로까지 걷습니다. 我从这儿走到钟路。
- 서울에서 부산까지 기차로 5시간 걸립니다. 从首尔到釜山坐火车要五个小时。
- 4층에서 5층까지 교실입니다. 从一楼五楼是教室。
- 12시에서 1시까지 점심시간입니다. 从12点到1点是午饭时间。

- 저녁 7시에서 9시까지 식당에서 아르바이트를 합니다. 从晚上7点到9点在餐馆打工。

03 –어서/아서/여서[2]

跟在动作动词词干或状态动词词干后面的连接词尾，表示前句的动作是后句动作的理由。后句不能用命令句或者共同句。"–었/았/였–"和"–겠–"不能用在"–어서/아서/여서–"前面。

- 한국이 좋아서 한국에 왔습니다. 我喜欢韩国，所以我来韩国了。
- 배가 아파서 약을 먹었습니다. 我肚子疼，所以吃了点药。
- 옷을 많이 입어서 덥습니다. 我衣服穿多了，所以觉得很热。
- 약속을 안 지켜서 죄송합니다. 对不起，我失约了。
- 피곤해서 일찍 집에 갔습니다. 我很累，所以提前回家了。

03 사람이 많으니까 조심하세요

학습 목표 ● 과제 교통수단 이용하기 ● 문법 -으니까, -지 말다 ● 어휘 교통수단 이용 관련어휘

두 사람은 어디에 있습니까?
이번 역은 어디입니까?

CD2: 18~19

리에 여기 앉을까요?

제임스 아니요, 앉지 마세요. 다음 역에서 내려요.

리에 그럼 문 앞으로 나갈까요?

제임스 네, 저쪽으로 갑시다.

리에 내립니다. 좀 비켜 주십시오.

제임스 사람이 많으니까 조심하세요.

앉다 坐
비키다 让开
조심하다 小心

교통수단 이용 장소

역

정류장

공항

고속버스 터미널

타다

내리다

갈아타다

- 공항에 어떻게 갑니까? 그림을 보고 이야기하십시오.

하숙집 앞 버스정류장에서 [보기] 버스를 탑니다. → 신촌역 앞에서 ....
→ 신촌역에서 지하철로 .... → 김포공항역에서 ....
→ 김포공항에 도착했습니다.

문법 연습

-으니까

01 1) 연결하고 한 문장으로 말하십시오.

[보기] 배가 고픕니다. •	• 창문을 열까요?
덥습니다. •	• 병원에 가요.
배가 아픕니다. •	• 식당에 갑시다.
숙제가 많습니다. •	• 좀 쉽시다.
피곤합니다. •	• 숙제를 하고 노세요.

[보기] 배가 고프니까 식당에 갑시다.

2) 친구와 여행 계획을 만드십시오.

[보기] 가을에 설악산이 아름다우니까 설악산에 갑시다.

장소: 제주도, 부산, 설악산	가: 부산에 갈까요? 설악산에 갈까요? 나: .... 으니까/니까 .... 에 갑시다.
교통편: 기차, 고속버스, 비행기	가: .... ? 나: .... 으니까/니까 ....
숙박: 호텔, 여관, 민박, 펜션, 콘도	가: .... ? 나: .... 으니까/니까 ....
음식: 불고기, 비빔밥, 회	가: .... ? 나: .... 으니까/니까 ....

02

-지 말다

1) 연결하십시오.

[보기] 만지지 마십시오.

들어오지 마십시오.

사진을 찍지 마세요.

담배를 피우지 마세요.

주차하지 마세요.

떠들지 마세요.

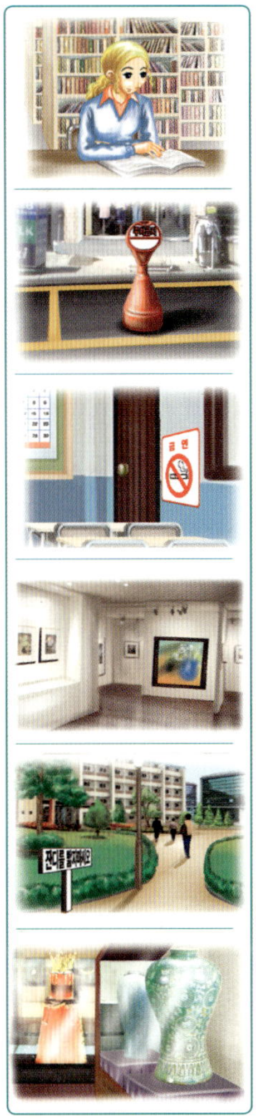

2) 쓰십시오.

[보기] 지각합니다. ➔ 지각하지 마세요.

❶ 컴퓨터 게임을 많이 합니다. ➔ ....

❷ 창문을 엽니다. ➔ ....

❸ 커피를 많이 마십니다. ➔ ....

과제 1 듣기 [CD2: 20]

듣고 표를 완성하십시오.

	대화 1	대화 2	대화 3
어디에 갑니까?			
어떻게 갑니까?			
얼마나 걸립니까?			

모르다 不知道　가르치다 教　안내 방송 广播　걱정하다 担心　실례하다 劳驾

과제 2 말하기

01 표를 보고 대화를 만드십시오.

<table>
<tr><th>목적지</th><th>교통편</th><th>비용</th><th>신촌에서 걸리는 시간</th><th>기타</th></tr>
<tr><td rowspan="3">롯데월드</td><td>버스</td><td>900원</td><td>1시간 10분</td><td>종합운동장에서 걸어서 10분</td></tr>
<tr><td>지하철</td><td>1,100원</td><td>45분</td><td>2호선</td></tr>
<tr><td>택시</td><td>20,000원</td><td>50분</td><td></td></tr>
<tr><td rowspan="3">경복궁</td><td>버스</td><td>900원</td><td>15분</td><td>272번 정류장에서 걸어서 20분쯤</td></tr>
<tr><td>지하철</td><td>900원</td><td>15분</td><td>2호선 → 3호선 경복궁역에서 걸어서 15분쯤</td></tr>
<tr><td>택시</td><td>3,000원</td><td>15분</td><td></td></tr>
<tr><td rowspan="3">인사동</td><td>버스</td><td>900원</td><td>15분</td><td>272번</td></tr>
<tr><td>지하철</td><td>900원</td><td>15분</td><td>2호선 → 3호선</td></tr>
<tr><td>택시</td><td>6,000원</td><td>20분</td><td></td></tr>
<tr><td rowspan="3">국립중앙 박물관</td><td>버스</td><td>900원</td><td>30분</td><td>750번, 0211번 정류장에서 걸어서 5분</td></tr>
<tr><td>지하철</td><td>900원</td><td>30분</td><td>2호선 → 4호선 → 1호선 역에서 걸어서 5분</td></tr>
<tr><td>택시</td><td>15,000원</td><td>25분</td><td></td></tr>
</table>

[보기] 가: 친구들과 같이 롯데월드에 가고 싶어요. 어떻게 가는 것이 좋아요?
나: 머니까 신촌에서 지하철을 타세요.
가: 얼마나 걸려요?
나: 45분쯤 걸려요.
가: 몇 호선을 타요?
나: 2호선을 타세요.
가: 버스는 없어요?
나: 있지만 오래 걸려요.

❶ 경복궁 ❷ 인사동 ❸ 국립중앙박물관

对话

理 惠	我们坐这儿怎么样?
詹姆斯	不用，别坐。下一站就下了。
理 惠	那我们往门那儿走，怎么样?
詹姆斯	好的，往那边走吧。
理 惠	我们要下车，请让一下。
詹姆斯	人很多，小心一点。

문법 설명

01 –으니까/니까

和动作动词或者状态动词词干连用的连接词尾，表示前句是后句的原因或者理由。如果动词是以元音结尾用"–니까"，如果名词是以辅音结尾用"–으니까"。

- 오늘은 일이 많으니까 내일 만납시다. 今天有很多事情要做，我们明天见面吧
- 날씨가 추우니까 안으로 들어가세요. 天气很冷，进去吧。
- 담배는 건강에 나쁘니까 피우지 마십시오. 吸烟有害健康，请不要吸烟。
- 오늘은 눈이 많이 오니까 자동차를 운전하지 마세요. 今天雪下得很大，请不要开车。

02 –지 말다

和动作动词词干连用，构成命令句(–으십시오)和共动句(–읍시다)的否定形式。

- 건물 안에서 담배를 피우지 마십시오. 请不要在楼里吸烟。
- 도서관에서 떠들지 마세요. 请不要在图书馆喧哗。
- 박물관에서 사진을 찍지 마십시오. 请不要在博物馆里拍照。
- 교실에서 영어로 말하지 맙시다. 我们不要在教室里说英语。
- 쓰레기를 버리지 맙시다. 我们不要乱仍垃圾。

04 과일 가게 앞에 세워 주세요

학습 목표 ● 과제 택시 이용하기 ● 문법 ㄷ동사, 르 동사 ● 어휘 택시 이용 관련 어휘

두 사람은 어디에서 이야기를 합니까?
택시에서 내리고 싶으면 어떻게 말합니까?

CD2: 21~22

제임스 걸어서 갈까요?

리에 머니까 택시를 탑시다.

제임스와 리에는 택시를 탄다.

기사 어디로 갈까요?

제임스 연세 아파트로 갑시다.

기사 어디에 세워 드릴까요?

제임스 안으로 들어가서 과일 가게 앞에 세워 주세요.

기사 司机
걷다 走
세우다 停
들어가다 进去

어휘

출발하다, 도착하다, 세우다

출발하다

도착하다

세우다

● 그림을 보고 쓰십시오.

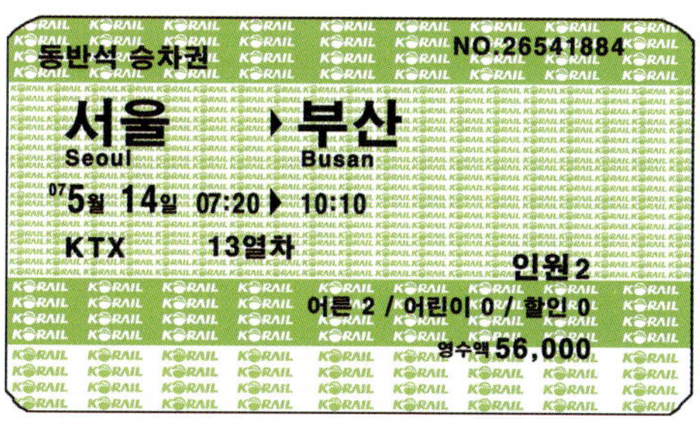
동반석 승차권 NO.26541884
서울 ▸부산
Seoul Busan
07 5월 14일 07:20 ▸ 10:10
KTX 13열차
인원2
어른 2 / 어린이 0 / 할인 0
영수액 56,000

서울에서 7시 20분에 ______________.

부산에 10시 10분에 ______________.

사거리

신호등

직진

좌회전

우회전

[보기] 사거리 •———————• 길이 네 개 있습니다.

신호등 • • 오른쪽으로 갑니다.

직진 • • 왼쪽으로 갑니다.

좌회전 • • 똑바로 갑니다.

우회전 • • 빨간색, 노란색, 초록색이 있습니다.

문법 연습

ㄷ 동사

01

1) 표를 완성하십시오.

	-습니다/ㅂ니다	-어요/아요/여요	-었어요/았어요/였어요
걷다	[보기] 걷습니다		
듣다		들어요	
묻다			물었어요

2) 문장을 완성하십시오.

❶ 점심을 먹고 친구하고 공원을 ______________ 었어요/았어요/였어요.

❷ 그 가수를 좋아해서 매일 그 가수 노래를 ______________ 어요/아요/여요.

❸ 모르는 게 있으면 한국 친구에게 ______________ 어요/아요/여요.

르 동사

02

1) 표를 완성하십시오.

	-습니다/ㅂ니다	-어요/아요/여요	-었어요/았어요/였어요
고르다	고릅니다		
부르다			
모르다		몰라요	
다르다			
빠르다			빨랐어요

2) 문장을 완성하십시오.

❶ 너무 많이 먹어서 ______________________ 어요/아요/여요.

❷ 친구에게 전화하고 싶지만 전화번호를 ______________ 어요/아요/여요.

❸ KTX는 ______________________ 어요/아요/여요.

과제 1 듣기 [CD2: 23]

● 듣고 대답하십시오.

01 맞으면 O, 틀리면 X 하십시오.

❶ 남대문 시장은 복잡합니다. (　　)

❷ 이 사람은 시장 안에서 내렸습니다. (　　)

02 표를 완성하십시오.

가는 곳	
내린 곳	
택시 값	
걸린 시간	

모시다 陪("데리다"的敬语)　**다 왔습니다** 快到了

과제 2 말하기

01 이야기하십시오.

[보기] 가는 곳: 세브란스 병원
내리는 곳: 병원 정문 앞

[보기] 기사: 어서 오십시오. 어디로 갈까요?
손님: 세브란스 병원으로 갑시다. 얼마나 걸립니까?
기사: 30분쯤 걸립니다.
(잠시 후)
기사: 어디에 세워 드릴까요?
손님: 병원 정문 앞에 세워 주세요. 얼마입니까?
기사: 2,800원입니다.
손님: 여기 있습니다.
기사: 고맙습니다. 안녕히 가십시오.

❶ 가는 곳: 시청 앞
내리는 곳: 플라자 호텔 앞

❷ 가는 곳: 연세대 우체국
내리는 곳: 연세대 학생회관 앞

❸ 가는 곳: 롯데 백화점
내리는 곳: 지하철역 앞

❹ 가는 곳: 신촌 현대 백화점
내리는 곳: 백화점 정문 앞

❺ 가는 곳: 잠실 장미 아파트
내리는 곳: 10동 앞

동 楼号(公寓的号码)

对话

詹姆斯 我们走着去，怎么样?
理 惠 太远了，我们打车去吧。
詹姆斯和理惠坐上了出租车。
司 机 你们要去哪儿?
詹姆斯 延世公寓。
司 机 停在哪儿好呢?
詹姆斯 请开进去，停在水果店前面吧。

문법 설명

01 ㄷ 动词

有些以"ㄷ"结尾的动词是不规则变化动词，这些动词中的"ㄷ"和以元音开始的词尾结合会变成"ㄹ"。但是"받다、믿다、얻다、닫다"等动词，虽然它们也是以"ㄷ"结尾，却是规则变化动词。

듣 + 어서 → 들어서

- 음악을 들으니까 기분이 좋아요. 听了音乐，心情很好。
- 저는 잘 모르니까 다른 사람에게 물어 보세요. 我不清楚，请问别人吧。
- 집에서 학교까지 걸어서 10분 걸립니다. 我从家到学校走路要10分钟。
- 이삿짐은 자동차 뒤에 실으세요. 请把行李搬到汽车上去。
- 추우니까 문 좀 닫아 주세요. 好冷呀，请关上门吧。

03 르 动词

如果动词词干以“르”结尾，后面紧跟着“-어/아-”，那么“ㄹ”加在“르”前面，并且省略掉“르”里的元音“ㅡ”。

모르 + 아서 → 몰라서

- 배가 불러서 못 먹겠어요. 我很饱，再也吃不下了。
- 지하철이 버스보다 더 빨라요. 地铁比公共汽车更快。
- 감기에 걸려서 자꾸 콧물이 흘러요. 我感冒了，一直流鼻涕。
- 처음에는 한국말을 하나도 몰랐어요. 刚开始时，我一句韩语都不会说。
- 어릴 때는 동생하고 얼굴이 아주 달랐어요. 小的时候，我弟弟和我长得一点也不像。

05 정리해 봅시다

● 읽어 봅시다 [CD2: 24]

1. 실례지만 길 좀 묻겠습니다
2. 몇 호선을 타요?
3. 비켜 주십시오
4. 어디에 세워 드릴까요?

● 확인해 봅시다

I

관계 없는 것 하나를 고르십시오.

1) 역, 정류장, 고속버스, 공항, 버스터미널
2) 지하도, 우회전, 횡단보도, 육교
3) 고속버스, 지하철, 비행기, 자전거, 정류장
4) 타다, 세우다, 내리다, 묻다, 갈아타다

II

01 묻고 대답하십시오.

[보기] 가: 어디 가세요?
나: 백화점에 가요.
가: 백화점에 어떻게 가요?
나: 버스로 가요.
가: 백화점에 왜 가요?
나: 다음 주에 친구 생일 파티가 있어서 선물을 사러 가요.

장소	교통수단	이유	하는 일
백화점	버스	친구 생일 파티	선물을 사요
도서관			
명동			
친구집			
제주도			

02 한 문장으로 만드십시오.

-으니까 -어서

1) 늦다/ 미안해요. ➔ ....
2) 그 영화가 재미있다/ 보세요. ➔ ....
3) 버스가 복잡하다/ 늦었어요. ➔ ....
4) 비가 오다/ 다음에 만납시다. ➔ ....
5) 만나다/ 반가워요. ➔ ....
6) 날씨가 덥다/ 아이스크림을 먹을까요? ➔ ....

03 쓰십시오.

덥다 달다 듣다 하얗다 빠르다

어제는 일요일이었습니다. 학교 앞에서 친구와 약속이 있었습니다. 친구를 만나서 식당에 갔습니다. 날씨가 ([보기] 더워서) 우리는 냉면을 먹었습니다. 점심을 먹고 커피숍에 갔습니다. 커피숍에서 차도 마시고 음악도 (   ). 그리고 (   ) 초콜릿 케이크도 먹었습니다. 차를 마시고 지하철을 타고 백화점에 갔습니다. 지하철은 (   ). 백화점에 가서 (   )색 바지를 샀습니다. 어제는 참 재미있었습니다.

정리

III 지금 버스정류장에 있습니다. 다음 장소를 찾으십시오.

학생 가

01 친구 하숙집, 꽃집, 문방구, 백화점

지금 버스정류장에 있습니다. 다음 장소를 찾으십시오.

학생 나

02 서점, 극장, 우체국, PC방

제임스가 본 한국

首尔观光

下面介绍几种便利的公众交通工具，以便大家游览首尔时利用。首先便是观光三轮车。在德寿宫或者貞洞剧场前买票，可以在德寿宫和貞洞剧场之间往返观光，并有导游解说。

其次是清溪川双层客车。这种客车从上午9点半到下午7点一天发车五次，其路线从光化门经由德寿宫、清溪广场、东大门、黄鹤桥、清溪川文化馆、毛廛桥等、再回到光化门。可以通过因特网(www.visitseoul.net)或在東和免税店前的观光介绍所提前订票。观光介绍所内随时有能通韩语、英语、日语的导游值班，如果有什么不便或疑惑可以直接请求帮助解决。

最后是首尔夜景观光客车。每晚7点50分和8点发车两次。从光化门出发、经由德寿宫汝矣岛、国会议事堂、江边北路、圣水大桥、汉南大桥、南山首尔塔、南大门、清溪广场。欲乘坐此客车同样可以通过因特网(www.visitseoul.net)或在東和免税店前的观光介绍所提前订票。观光途中可以通过在每个座位上配置的个人耳机收听到韩语、英语、日语、汉语等多种语言的夜景介绍。此路线堪称为欲将美丽的汉城夜景尽收眼底的游客们的最佳选择。

여러분 나라에서 시내를 구경할 때 무엇을 탑니까?

首尔的地铁

首尔的地铁通向政府重要机关、公共场所、文化建筑、购物中心、机场和公交总站等地。因为地铁站有英文提示，每条地铁线路都提供英文报站服务，即使是第一次到首尔旅游的游客，乘坐地铁也非常容易。首尔的八条地铁线路用八种不同的颜色来表示：深蓝色、绿色、橘色、蓝色、紫色、棕色、橄榄绿、粉红色。但是韩国人喜欢称它们为“1号线、2号线……、8号线”。

刚开始的时候，如果美善说到几号几号线，我总会被搞糊涂，因为我不知道所谓的2号线，其实就是指绿色线。所以我就问她，为什么她要说几号几号线，而不说什么颜色的线？ 这些代表线路的数字又有什么意思？ 美善告诉我，这些数字意味着地铁线路建成的先后顺序。也许外国人会被搞糊涂，但是韩国人不会，因为他们知道哪条地铁先建，哪条后建。但是美善也说，也许等老一辈的人都不在了，年轻的一代会改说什么颜色的线，而不是说几号线。

还有，首尔的地铁上都设有老弱病残孕专座，通常即使这些座位空着，年轻人们也不会去坐。不仅如此韩国人还常给老人或带小孩儿的妇女让坐，并把尊老爱幼视为一种美德。

다음 장소와 지하철 노선을 연결해 보세요.

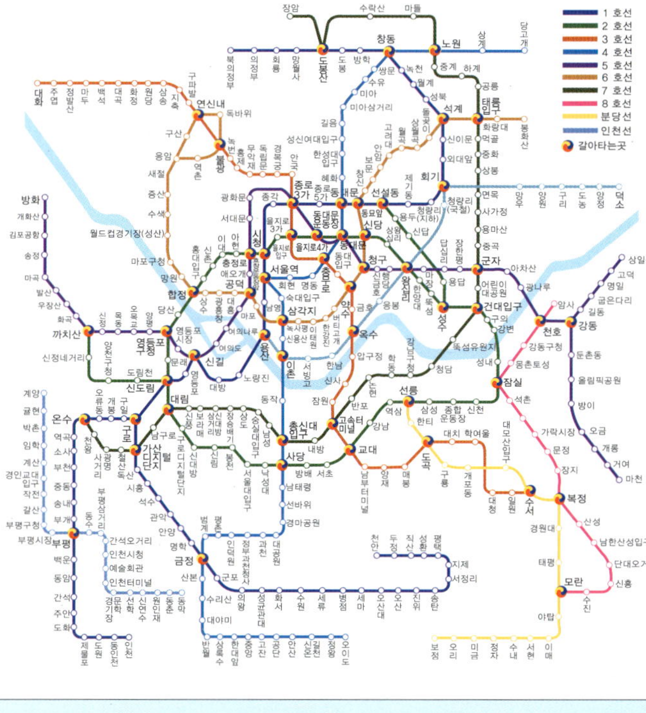

신촌 •	• 深蓝色
동대문시장 •	• 绿色
경복궁 •	• 橘色
명동 •	• 蓝色
서울대공원 •	• 紫色
이태원 •	• 棕色
월드컵경기장 •	•橄榄绿
김포공항 •	• 粉红色

제8과 전화

01
제목 | 전화번호 좀 가르쳐 주세요
과제 | 전화번호 말하기
어휘 | 전화번호 관련 어휘
문법 | -을게요, 이나

02
제목 | 정민철 씨 계세요?
과제 | 전화 걸기
어휘 | 전화 관련 어휘
문법 | -는데요, -은데요

03
제목 | 늦으면 전화할게요
과제 | 전화로 약속하기
어휘 | 약속 관련 어휘
문법 | 에게서, -으면

04
제목 | 웨이 씨 좀 바꿔 주세요
과제 | 전화로 상대방 바꿔 달라고 말하기
어휘 | 통화 관련 어휘
문법 | -을 거예요, 만

05 정리해 봅시다

- 제임스가 본 한국
  한국인과 휴대전화
  주요 전화번호

01 전화번호 좀 가르쳐 주세요

학습 목표 ● 과제 전화번호 말하기 ● 문법 -을게요, 이나 ● 어휘 전화번호 관련 어휘

리에는 무엇을 묻습니까?
리에는 어떻게 묻습니까?

CD2: 25 ~ 26

민철 리에 씨, 이따가 오후에 전화해 주세요.

리에 네, 전화번호 좀 가르쳐 주세요.

민철 회사는 2124-3467이에요.

리에 집은 몇 번이에요?

민철 3464-2879예요.

리에 그럼 이따가 3시나 4시쯤에 전화할게요.

이따가
一会儿

전화번호
电话号码

어휘

전화

국제 전화

시외 전화

휴대 전화

전화번호 읽기

이일이삼의 삼사칠사

이천백이십삼 국의 삼천사백칠십사 번

일공일(의) 구팔칠오(의) 사삼이일

어휘

주요 전화번호

범죄 신고	112
전화번호 안내	114
시간 안내	116
화재 신고	119
날씨 안내	131

● 연결하십시오.

[보기] 시간을 알고 싶습니다. (→ 116)	• 114
서울에서 부산에 있는 친구에게 전화를 합니다.	• 116
한국에서 일본에 있는 가족에게 전화를 합니다.	• 119
오늘 날씨를 알고 싶습니다.	• 131
불이 났습니다.	• 시외전화
연세대학교 전화번호를 알고 싶습니다.	• 국제전화

문법 연습

-을게요

01 대화를 만드십시오.

[보기] 가: 나중에 전화하세요.
나: 네, 나중에 전화할게요.

❶ 가: 누가 읽겠습니까?
나: ....

❷ 가: 술을 마시지 마세요.
나: 네, ...

❸ 가: 지금은 바쁘니까 내일 오세요.
나: 네, ...

❹ 가: 언제 이메일을 쓰겠습니까?
나: ....

이나

02 묻고 대답하십시오.

[보기] 가: 어디로 여행을 갈까요? (부산/경주)
나: 부산이나 경주로 여행을 갑시다.

❶ 언제 갈까요? (이번 주말/다음 주말)

❷ 무엇을 타고 갈까요? (KTX(고속전철)/고속버스)

❸ 어디에서 잘까요? (호텔/민박집)

❹ 저녁에 무엇을 먹을까요? (회/갈비)

❺ 선물로 뭘 살까요? (인형/열쇠고리)

과제 1 말하기

01 표를 완성하십시오.

[보기] 가: 집 전화번호가 몇 번이에요?
나: 2124-3489예요.

이름	집	휴대 전화	하숙집, 사무실 등

02 친구 전화번호를 이야기하십시오.

[보기] 민철 씨 집은 2124-3489예요.
휴대 전화 번호는 010-123-45670이에요.

과제 2 듣기 [CD2: 27]

듣고 대답하십시오.

1) 두 사람이 무슨 이야기를 합니까? (   )

❶ 내일 회의 ❷ 만날 시간
❸ 전화번호 ❹ 전화 시간 약속

2) 마리아의 전화번호를 쓰십시오.

집: 2124-

휴대 전화: 011-   -

3) 두 사람이 저녁에 무엇을 할까요? 쓰십시오.

마리아: 9시에

제임스: 8시 반에

기다리다 等

对话

敏哲	理惠，请你一会儿给我打电话。
理惠	好的。请告诉我你的电话号码。
敏哲	我公司的号码是2124－3467。
理惠	你家的号码是多少？
敏哲	3464－2879。
理惠	那我一会儿大概三四点给你打电话吧。

문법 설명

01 －을게요/ㄹ게요

和动作动词词干连用的终结词尾，表示说话人的意愿或者约定。

- 이 책을 살게요. 我买这本书。
- 이따가 전화할게요. 等一会儿我会给你打电话的。
- 내일은 꼭 일찍 올게요. 明天我一定会早点来的。
- 이번 일은 제가 도와 드릴게요. 这件事情，我会帮助你的。
- 여기서는 담배를 피우지 않을게요. 我不会在这儿抽烟的。

02 이나/나

和名词连用的助词，列举两个或两个以上的事物，或者表示从多个事物中选择其中的一个。

- 주말에는 농구나 축구를 합시다. 我们周末一起打篮球或者踢足球吧。
- 오늘 두 시나 세 시쯤에 전화해 주세요. 今天下午两三点左右请给我打电话。
- 지하철이나 버스를 타고 학교에 갑니다. 我坐地铁或者公共汽车去学校。
- 요즘 바빠서 영화나 연극을 볼 시간이 없어요. 我最近很忙，所以没有时间看电影或者戏剧。
- 이번 여름에는 산이나 바다에 가고 싶어요. 这个夏天我想去爬山或者去海边。

02 정민철 씨 계세요?

학습 목표 ● 과제 전화 걸기 ● 문법 -는데요, -은데요 ● 어휘 전화 관련 어휘

누가 전화를 걸었습니까?
리에 씨는 어디에 전화했습니까?

CD2: 28~29

리에 여보세요, 거기 연세여행사지요?

민철 네, 누굴 찾으십니까?

리에 정민철 씨 계세요?

민철 바로 전데요. 누구세요?

리에 리에예요. 지금 안 바쁘세요?

민철 네, 괜찮아요. 말씀하세요.

여보세요 喂

여행사 旅行社

바로 就, 马上

괜찮다 没关系, 可以

어휘

전화

전화를 걸다
전화하다

전화를 받다

전화번호를 누르다

신호가 가다

전화벨이 울리다

잘못 걸다

전화

휴대전화를/핸드폰을 켜다
휴대전화를/핸드폰을 끄다

문자메시지를 보내다
문자메시지를 확인하다

음성메시지를 남기다
음성메시지를 확인하다

● 이야기를 완성하십시오.

오늘 친구하고 약속이 있었습니다. 그런데 시간을 바꾸고 싶었습니다.

그래서 친구에게 ([보기] 전화를 걸었습니다).

'때르릉 때르릉' (   ).

그런데 친구가 핸드폰을 받지 않았습니다. 그래서 (   ).

조금 뒤에 친구가 문자메시지를 확인하고 전화를 걸었습니다.

전화를 걸다	전화번호를 누르다	핸드폰을 켜다	핸드폰을 끄다
신호가 가다	문자메시지를 보내다	문자메시지를 확인하다	

문법 연습

-는데요, -은데요

01

1) 문장을 만드십시오.

[보기] 가: 밖에 나갑시다.
나: (날씨가 춥다) 날씨가 추운데요.

❶ 가: 내일 만날까요?
나: (약속이 있다) ....

❷ 가: 식당에 갑시다.
나: (밥을 먹었다) ....

❸ 가: 쇼핑하러 갑시다.
나: (돈이 없다) ....

❹ 가: 사전 좀 빌려 주세요.
나: (사전이 없다) ....

2) 대화를 완성하십시오.

정희: 여보세요? 거기 중국집이지요?

중국집: 네, (그렇다.) (➔[보기] 그런데요.)

정희: 음식을 (주문하고 싶다.) (➔)

중국집: 주소가 어디십니까?

정희: 연세 하숙집 203호(이다.) (➔)

중국집: 전화번호는 몇 번입니까?

정희: 2123-5890입니다.

중국집: 뭘 주문하시겠어요?

정희: 자장면하고 탕수육요.

중국집: 탕수육은 시간이 오래 (걸리다.) (➔)
괜찮으시겠어요?

정희: 네, 괜찮아요.

중국집: 그럼 배달해 드리겠습니다. 고맙습니다.

과제 1 말하기

묻고 대답하십시오.

[상황1]
제임스가 부탁이 있어서 미선이에게 전화를 겁니다. 미선이는 연세 백화점에서 아르바이트를 합니다.

[상황2]
제임스가 웨이를 만나고 싶어서 전화를 겁니다. 웨이는 연세 무역에서 일합니다.

[상황3]
리에가 숙제를 몰라서 마리아에게 전화를 겁니다. 마리아는 연세 피자집에서 아르바이트를 합니다.

[보기] 가: 여보세요, 거기 연세백화점이지요?
나: 네, 누굴 찾으십니까?
가: 미선 씨 계세요?
나: 바로 전데요. 누구세요?
가: 제임스예요. 안녕하세요?
나: 네, 제임스 씨도 안녕하세요? 그런데 무슨 일이 있어요?
가: 네, 민철 씨 전화번호 좀 가르쳐 주세요.
……

부탁 拜托, 请求 **무역** 贸易

과제 2 듣고 말하기 [CD2: 30]

01 듣고 대답하십시오.

1) 제임스는 왜 두 번 전화를 했습니까?

❶ 리에가 없어서
❷ 전화번호를 몰라서
❸ 시간이 많아서
❹ 전화를 잘못 걸어서

2) 제임스는 리에에게 왜 전화를 했습니까? 쓰십시오.

3) 웨이의 휴대 전화 번호를 쓰십시오.

019– –

02 전화를 잘못 걸었습니다. 이야기하십시오.

[보기] 가: 여보세요. 리에 씨 좀 바꿔 주세요.
나: 몇 번에 거셨어요?
가: 2124–3478 아니에요?
나: 아닙니다. 잘못 거셨습니다.
가: 죄송합니다.

웬일이세요? 有什么事儿? 잠깐만요 稍等 정말 真的

对话

理惠	喂，请问是延世旅行社吧。
敏哲	是的，您找谁？
理惠	郑敏哲在吗？
敏哲	我就是，您是哪位？
理惠	我是理惠呀。你现在不忙吗？
敏哲	不忙，没关系，说吧。

문법 설명

01 -는데요, -은데요/ㄴ데요

和动作动词或者状态动词词干连用的终结词尾，对某种情况转达时，表示说话人希望得到听话人的答复。动作动词时用“-는데요”，状态动词时用“-은데요/ㄴ데요”。状态动词词干以元音结束时用“-ㄴ데요”，以辅音结束时用“-은데요”。

이 시험은 좀 어려운데요.	这次考试有点难。
이 옷이 잘 어울리는데요.	这件衣服很适合你。
저는 신촌에 사는데요.	我住在新村。
시간이 좀 오래 걸리는데요.	需要很长的时间。
바로 전데요. 누구세요?	我就是，您是哪位？

03 늦으면 전화할게요

학습 목표 ● 과제 전화로 약속하기 ● 문법 에게서, -으면 ● 어휘 약속 관련 어휘

두 사람은 전화로 무슨 이야기를 합니까?
두 사람은 어디에 가겠습니까?

CD2: 31~32

리에 웨이 씨한테서 전화 받았어요?

민철 아니요, 안 받았는데요.

리에 토요일 오후에 웨이 씨 집에서 파티가 있어요.

민철 그래요? 몇 시에 파티를 해요?

리에 5시까지 오세요.

민철 네, 늦으면 전화할게요.

늦다
晚，迟到

약속

● 그림을 보고 이야기하십시오.

[보기] 리에는 웨이와 약속을 했습니다.

약속 장소는 ....

약속 시간은 ....

그런데 웨이가 바쁜 일이 있어서 약속 시간을 ....

웨이가 3시에 왔습니다. 약속을 ....

문법 연습

에게서, 한테서

01 누구에게서 무슨 선물을 받았습니까? (받고 싶습니까?) 이야기하십시오.

[보기] 생일에 여자 친구한테서 시계를 받았어요.

❶ 생일에

❷ 크리스마스에

-으면

02 1) 문장을 만드십시오.

[보기] 배가 고픕니다. 밥을 먹습니다.
➔ 배가 고프면 밥을 먹습니다.

❶ 눈이 옵니다. 눈사람을 만듭니다.
➔ ....

❷ 백화점에서 세일을 합니다. 백화점에 사람이 많습니다.
➔ ....

❸ 날씨가 덥습니다. 수영장에 가세요.
➔ ....

2) 묻고 대답하십시오.

[보기] 가: 돈이 없습니다. 어떻게 해요?
나: 돈이 없으면 은행에서 돈을 찾으세요.

❶ 머리가 아픕니다.

❷ 단어를 모릅니다.

❸ 내일 시험이 있습니다.

❹ 한국말을 잘 하고 싶습니다.

❺ 피곤합니다.

과제 1 쓰고 말하기

01 전화로 약속을 하고 표를 완성하십시오.

[보기] 미선: 여보세요, 민철 씨 계십니까?
민철: 네, 전데요. 누구세요?
미선: 민철 씨, 저 미선이에요. 내일 오후에 시간이 있어요?
민철: 네, 괜찮아요. 왜요?
미선: 같이 동대문 시장에 쇼핑하러 갈까요?
민철: 네, 좋아요. 저도 동대문 시장에 가고 싶었어요.
미선: 그럼 몇 시에 만날까요?
민철: 1시 반에 만납시다.
미선: 어디에서 만날까요?
민철: 신촌 지하철역 1번 출구에서 만납시다.
미선: 알겠습니다. 그럼 내일 봅시다.

이름	약속 장소	약속 시간	무슨 약속을 했습니까?
[보기2] 민철	신촌 지하철역 1번 출구	1시 반	동대문 시장에 쇼핑하러 가요.

02 약속한 것을 이야기하십시오.

[보기] 저는 민철 씨와 약속을 했습니다. 우리는 같이 동대문 시장에 쇼핑하러 가겠습니다. 약속 장소는 신촌 지하철역 1번 출구입니다. 약속 시간은 금요일 1시 30분입니다.

출구 出口

과제 2 읽고 쓰기

● 읽고 대답하십시오.

저는 오늘 친구와 약속이 있었습니다. 약속 시간은 2시 반이었습니다. 약속 장소는 롯데 백화점 앞이었습니다.
제 친구는 약속을 잘 지킵니다. 그렇지만 저는 언제나 늦습니다. 그래서 오늘은 일찍 가고 싶었습니다. 저는 택시를 타고 명동으로 갔습니다. 약속 장소에 2시 25분에 도착했습니다. 그렇지만 친구는 없었습니다. 한 시간 기다렸지만 친구는 오지 않았습니다.
그때 전화가 왔습니다. 친구였습니다. 친구는 잠실 롯데 백화점 앞에서 기다렸습니다.

01 맞으면 O, 틀리면 X 표시를 하십시오.

1) 약속 시간은 2시 25분이었습니다. (　　)
2) 저는 오늘은 약속을 지키고 싶었습니다. (　　)
3) 저는 언제나 약속을 잘 지킵니다. (　　)
4) 친구는 저를 기다렸습니다. (　　)

02 친구는 왜 약속 장소에 오지 않았습니까?

03 전화 대화를 만드십시오.

친구: 여보세요? 민수 씨 핸드폰입니까?

나: ....

친구: ....

나: ....

친구: ....

나: ....

일찍 早　엔제나 总是

对话

理惠	你接到王伟的电话了吗?
敏哲	还没有呢。
理惠	周六下午王伟的家有宴会。
敏哲	是吗? 几点?
理惠	5点之前来吧。
敏哲	好的，如果晚点的话，我会给你打电话的。

문법 설명

01 에게서/한테서

和人称名词连用的助词，表示开始动作的人。与"배우다、듣다、받다、빌리다"等相似的动作动词一起用，意思相当于"으로부터(从)"。

- 선생님한테서 한국말을 배웁니다. 我从老师那儿学习韩语。
- 친구한테서 그 이야기를 들었어요. 我从朋友那儿听说的。
- 이거 누구한테서 받았어요? 你从谁那儿收到的?
- 고향에 계시는 부모님에게서 편지가 왔어요. 家乡的父母来信了。
- 친한 친구에게서 돈을 빌렸어요. 我从好朋友那儿借钱了。

02 -으면/면

和动作动词或者状态动词词干连用的连接词尾，表示前句是后句的假设或者条件。如果动词词干以元音结尾时用“-면”，以辅音结尾时用“-으면”。

- 바쁘지 않으면 내일 만날까요? 如果你明天不忙，我们可以见个面吗?
- 내일 날씨가 좋으면 설악산에 갑시다. 明天天气好的话，我们一起去雪岳山。
- 많이 아프면 학교에 오지 마세요. 如果你病得很厉害，就不要来学校了。
- 싫으면 다른 것으로 바꾸세요. 如果你不喜欢，就换别的吧。
- 스트레스가 쌓이면 어떻게 하세요? 如果你感到压力很大，你会怎么做呢?

04 웨이 씨 좀 바꿔 주세요

학습 목표 ● 과제 전화로 상대방 바꿔 달라고 말하기 ● 문법 -을 거예요, 만 ● 어휘 통화 관련 어휘

민철은 누구와 이야기하고 싶습니까?
다른 사람이 전화를 받으면 어떻게 이야기합니까?

CD2: 33 ~ 34

민철　여보세요, 죄송하지만 웨이 씨 좀 바꿔 주세요.
남자　잠깐만 기다리세요.

웨이　전화 바꿨습니다.
민철　웨이 씨, 저 정민철이에요.
웨이　민철 씨, 지금 올 거예요?
민철　미안해요. 아직 회사예요. 아마 30분쯤 늦을 거예요.

아직
还

아마
也许,
可能,
恐怕

어휘

전화 통화

통화하다

전화를 끊다

바꾸다

통화 중이다

● 순서대로 번호를 쓰십시오.

❶ 통화 중이었습니다.

❷ 조금 이따가 다시 전화를 했습니다.

❸ 제임스가 리에에게 전화를 했습니다.

❹ 두 사람은 통화했습니다.

❺ 그래서 전화를 끊었습니다.

❻ 리에가 전화를 받았습니다.

([보기] ❸) → (　　　) → (　　　) → (　　　) → (　　　) → (❹)

문법 연습

-을 거예요

01

1) 묻고 대답하십시오.

[보기] 극장 앞 가: 무슨 영화를 볼 거예요? 나: 코미디 영화를 볼 거예요.

❶ 서울역 앞 ❷ 백화점 ❸ 커피숍 ❹ 서점

2) 50년 후의 서울은 어떻게 변할까요? 말하십시오.

[보기] 50년 후에 서울에 사는 사람의 반이 외국인일 거예요. 그래서 그때는 한국어학당에 학생이 만 명이 될 거예요...

만

02

말하십시오.

[보기] 아침에 뭘 드세요? (커피) ➔ 커피만 마셔요.

❶ 무슨 과일을 좋아하세요? (포도)
❷ 어느 나라를 여행했어요? (중국)
❸ 어떤 술을 드세요? (맥주)
❹ 교실에 어느 나라 사람이 있어요? (일본 사람)

과제 1

듣기 [CD2: 35]

01

듣고 대답하십시오.

1) 어디에 전화를 걸었습니까?

2) 누구하고 통화하고 싶어 합니까?

❶ 영수 ❷ 리에 ❸ 제임스 ❹ 정희

3) 집에 없는 사람은 누구입니까?

❶ 영수 ❷ 리에 ❸ 제임스 ❹ 정희

4) 제임스 씨는 어떻게 말할까요?

❶ 누굴 찾으세요? ❷ 잠깐만 기다리세요.
❸ 전화 바꿨습니다. ❹ 이따가 전화하겠습니다.

과제 2 쓰고 말하기

01 출장을 갔습니다. 교실에 있는 친구들에게 전화를 합니다. 대화를 만드십시오.

[보기]
웨이: 여보세요? 마리아 씨, 저 웨이예요. 안녕하세요?
마리아: 웨이 씨? 안녕하세요? 어디예요?
웨이: 경주에 출장을 왔어요. 친구들도 다 잘 있지요?
마리아: 네, 바꿔 드릴까요?
웨이: 네, 양견 씨 좀 바꿔 주세요.
양견: 웨이 씨? 친구들이 웨이 씨를 보고 싶어해요. 언제 올 거예요?
웨이: 저도 보고 싶어요. 다음 주 월요일에는 학교에 갈 거예요. 제임스 씨 계세요?
양견: 네, 잠깐만 기다리세요.
제임스: 반가워요, 웨이 씨. 우리는 웨이 씨가 없어서 아주 심심해요. 빨리 오세요.

나: 여보세요? ________________

________ : ________________

나: ________________

________ : ________________

나: ________________

________ : ________________

나: ________________

________ : ________________

나: ________________

________ : ________________

YONSEI KOREAN 1

对话

敏哲	喂，你好。请找一下王伟。
男人	请稍等。

王伟	你好，我是王伟。
敏哲	王伟，我是郑敏哲。
王伟	敏哲，你什么时候过来？
敏哲	对不起。我还在公司呢。我恐怕会迟到30分钟。

문법 설명

01 -을/ㄹ 거예요

和动作动词或者状态动词连用。

(1) 如果主语是第一人称或者第二人称，表示说话人的意志或者将来要发生的事情。这时用于动作动词词干后。当动词词干以辅音结尾时用"-을 거예요", 反之, 动词词干以元音结尾时用"-ㄹ 거예요"。

이번 주말에는 집에서 푹 쉴 거예요. 我这个周末要在家好好儿休息。
내일 몇 시에 오실 거예요? 你明天什么时候来？
저녁에 불고기를 만들 거예요. 我晚饭做烤肉吃。

(2) 如果主语是第三人称，表示说话人的推测或者猜想。这时在动作动词和状态动词词干都能用。

- 이번 겨울은 좀 추울 거예요. 这个冬天会有点冷。
- 영수 씨가 요즘 좀 바쁠 거예요. 英秀这几天会有点忙。
- 기차가 곧 도착할 거예요. 火车会马上到达的。

02 만

和名词或者副词连用的助词，表示"仅仅、只"。

- 10분만 자고 싶어요. 我只想睡十分钟。
- 한 개만 주세요. 只给我一个。
- 당신만 사랑해요. 我只爱你。
- 잠깐만 기다리세요. 请稍等。
- 조금만 더 주세요. 请再给我一点儿。

05 정리해 봅시다

읽어 봅시다 [CD2: 36]

1. 이일이사의 삼사육칠이에요
2. 누굴 찾으십니까?
3. 늦으면 전화할게요
4. 잠깐만 기다리세요

확인해 봅시다

I

연결하십시오.

[보기] 전화번호 좀 가르쳐 주세요.	가) 네, 그런데요.
1) 마리아 씨 계세요?	나) 바로 전데요.
2) 전화벨이 울려요.	다) 이일이삼의 이일일사예요.
3) 여보세요. 거기 병원이지요?	라) 제가 받을게요.
4) 제임스 씨 좀 바꿔 주세요.	마) 아니요, 지금 확인할게요.
5) 민철 씨하고 통화했어요?	바) 그럼 핸드폰을 끌게요.
6) 음성메시지를 남겼어요. 들었어요?	사) 잠깐만 기다리세요.
7) (극장에서) 영화가 시작돼요.	아) 아니요, 통화 중이었어요.

알맞게 연결한 개수가...

~4개 ☹ 5개 ~ 6개 😐 7개 ☺

정리

II

아래 문법을 한 번 이상 써서 이야기를 만드십시오.

[보기] -을게요 -을 거예요 -으면

[보기]
이 사람은 술을 마시고
운전하지 않을 거예요.
술을 마시면 택시를 탈 거예요.

이 남자는 ....

....

....

앞으로 아이는 ....

....

....

정리

III

01 다음 표현을 가능한 많이 써서 전화 대화를 만드십시오.

–씨 계십니까?	바로 전데요.	누굴 찾으십니까?
잠깐만 기다리세요.	전화 바꿨습니다.	죄송합니다.
미안하지만...	지금 없는데요.	다시 걸겠습니다.

가: 여보세요? ....

나: ....

가: ....

나: ....

가: ....

나: ....

가: ....

나: ....

가: ....

나: ....

가: ....

나: ....

02 선생님한테서 문자메시지가 왔습니다.
아래에 쓰고 선생님께 직접 문자메시지를 보내십시오.

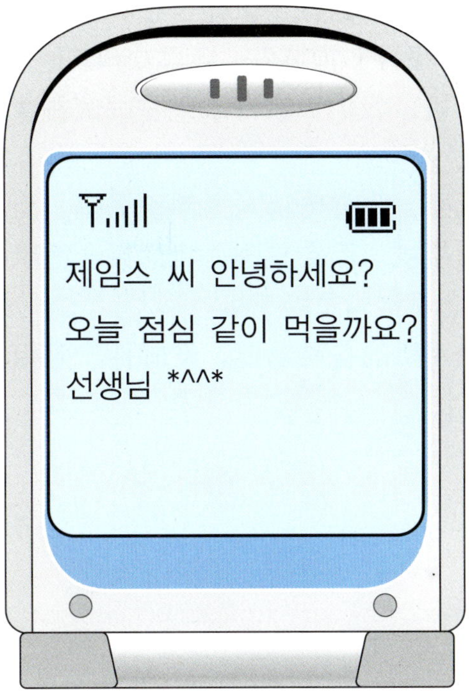

제임스가 본 한국

韩国人和手机

韩国是手机时尚之国。其他国家的手机制造商在新品上市前，都会选择先登陆韩国市场，以此来检验他们的新款手机能否在其他市场流行起来。急性子的韩国人对时尚的款式和设计非常热衷，还喜欢和其他人一起分享。上次美善买了最新款的电视手机，我们大家都拿来左试试右试试，摆弄了整整一天。

韩国人即使第一次和人见面，也会告诉对方手机号码。为了尝试新产品的功能，韩国人也频频更换手机。而在美国，我们只会把手机号码告诉给关系很好的朋友，而且我们也不经常更换手机。

现在，我也喜欢经常试试手机的各种功能，发邮件、照相、玩游戏、听韩国歌等。

여러분은 휴대전화로 무엇을 합니까? 표시해 보세요.

( ) 短消息　( ) 照相　( ) 录像
( ) 游戏　( ) 支付信用卡　( ) 找人
( ) 看电视　( ) 买东西　( ) 听音乐
( ) 看电影

重要电话号码

当你想叫救护车，或者想查询别人的电话号码的时候，你得拨紧急电话号码。在这些情况下，你知道得拨什么号码吗？ 有时候，你需要知道一些紧急电话号码。就如下面这些：

* 紧急电话号码 *		
匪警: 112	查号台: 114	报时服务: 116
救护车、火警: 119	气象服务: 131	旅游咨询热线: 1330

此外还有很多种重要的电话号码。普通电话故障拨110，下水道故障拨121，电力故障拨123，周边环境污染申报拨128。

旅游观光信息咨询拨134，交通信息咨询拨1333。突然身体不适，欲对突发疾病或医院信息进行咨询时拨1339。

有一点需要注意的是，用手机咨询电话号码时，需拨"区号+114"。例如，如果在汉城打电话要拨"02+114"才能成功咨询到电话号码信息。如果不拨区号而直接拨114，电话将打到该手机的移动通信公司服务台。

여러분 나라의 주요 전화번호는 몇 번입니까?

경찰:	전화번호 안내:
시간 안내:	화재 신고:
날씨 안내:	

제9과 날씨와 계절

01
제목 | 저는 스키를 탈 수 있는 겨울이 좋아요
과제 | 계절에 대해 말하기
어휘 | 계절 관련 어휘
문법 | -는데, -은데, -을 수 있다

02
제목 | 날씨가 조금 흐린데요
과제 | 오늘 날씨 말하기
어휘 | 날씨 관련 어휘
문법 | -은 후에, -겠-[2]

03
제목 | 오늘보다 따뜻할 것 같아요
과제 | 날씨 비교하여 말하기
어휘 | 날씨 관련 어휘
문법 | 보다, -을 것 같다

04
제목 | 저기에서 사람들이 운동을 하고 있어요
과제 | 계절 활동 말하기
어휘 | 계절 활동 관련 어휘
문법 | -는군요, -고 있다

05 정리해 봅시다

- 제임스가 본 한국
  한국의 봄꽃
  장마와 황사

01 저는 스키를 탈 수 있는 겨울이 좋아요

학습 목표 ● 과제 계절에 대해 말하기 ● 문법 -는데, -은데, -을 수 있다 ● 어휘 계절 관련 어휘

지금은 무슨 계절입니까?
왜 그렇게 생각합니까?

CD2: 37~38

미선	저는 봄을 좋아하는데 제임스 씨는 어느 계절을 좋아하세요?
제임스	저는 스키를 탈 수 있는 겨울이 좋아요.
미선	스키를 좋아하세요?
제임스	네, 겨울이 되면 스키장에 자주 가요.
미선	그럼 이번 겨울에는 같이 스키장에 갈까요?
제임스	아! 그거 좋은 생각이에요.

봄 春天
계절 季节
스키 滑雪
되다 到(时间), 为……, 成……, 行
스키장 滑雪场
생각 主意，想法

어휘

계절

● 그림을 보고 연결하십시오.

	진달래꽃이 핍니다. •	• 봄
	스키를 탑니다. •	
	수박을 먹습니다. •	• 여름
[보기]	단풍 구경을 갑니다. •	• 가을
	수영을 합니다. •	
	눈사람을 만듭니다. •	• 겨울

문법 연습

-는데, -은데

01

1) 연결하고 문장을 만드십시오.

[보기] 여름은 덥습니다. •	• 물냉면은 맵지 않습니다. ➔ ....
❶ 비빔냉면은 맵습니다. •	• 영화는 재미없습니다. ➔ ....
❷ 책은 재미있습니다. •	• 겨울은 춥습니다. ➔ 여름은 더운데 겨울은 춥습니다.
❸ 형은 큽니다. •	• 저녁에는 한가합니다. ➔ ....
❹ 아침에는 바쁩니다. •	• 저는 작습니다. ➔ ....

2) 비교하여 말하십시오.

[보기] 서울은 복잡한데 우리 고향은 사람이 많지 않아요.

❶ 서울과 여러분의 고향
❷ 도시와 시골
❸ 한국 음식과 여러분 나라 음식

02 -을 수 있다

1) 쓰십시오.

[보기] 한국말을 해요. ➔ 한국말을 할 수 있어요.

❶ 한국 음식을 만들어요. ➔ ....

❷ 한국 신문을 읽어요. ➔ ....

❸ 스케이트를 타요. ➔ ....

2) 묻고 대답하십시오.

질문	친구 1 :	친구 2 : ....
한국 음식	O	X
운전		
스케이트		
태권도		
한국 노래		
피아노		

[보기] 가: 한국 음식을 만들 수 있어요?
나: 네, 만들 수 있어요. / 아니요, 만들 수 없어요.

과제 1 말하기

묻고 대답해서 표를 완성하십시오.

[보기] 가: 저는 겨울을 좋아하는데 .... 씨는 어느 계절을 좋아하세요?
나: 봄을 좋아해요.
가: 왜 봄을 좋아해요?
나: 꽃이 많이 피어서 좋아요.

	친구 이름	계절	이유
1			
2			
3			

과제 2 읽고 말하기

01 읽고 대답하십시오.

한국에는 봄, 여름, 가을, 겨울 사계절이 있습니다.
봄에는 꽃이 많이 핍니다.
주말이면 사람들은 아름다운 꽃이 핀 공원이나 산에 갑니다.
여름에는 사람들이 산이나 바다로 휴가를 갑니다.
가을에는 단풍이 아름답습니다.
그래서 등산하는 사람들이 많습니다.
겨울에는 눈이 오고 바람이 많이 붑니다.

1) 무엇에 대한 글입니까?

❶ 한국의 계절 ❷ 취미생활
❸ 주말여행 ❹ 한국의 날씨

2) 어느 계절에 하는 말입니까? 연결하십시오.

봄 •	• "여의도로 벚꽃 구경 가요."
여름 •	• "이 산은 빨간 단풍이 정말 아름다운데요."
가을 •	• "눈이 오는 날 학교 앞에서 만나요."
겨울 •	• "이번 휴가는 바다로 가요."

02 여러분 나라의 계절을 소개하십시오.

사계절 四季 **등산하다** 爬山 **바람이 불다** 刮风 **의** ……的 **취미** 爱好，兴趣 **생활** 生活 **벚꽃** 樱花

对话

美　善　我喜欢春天，你喜欢哪个季节呀，詹姆士?

詹姆斯　我喜欢冬天，因为可以滑雪。

美　善　你喜欢滑雪吗?

詹姆斯　喜欢呀。到了冬天，我经常去滑雪场。

美　善　那我们这个冬天去滑雪场，怎么样?

詹姆斯　好主意。

문법 설명

01 -는데, -은데/ㄴ데

和动作动词或者状态动词词干连用的连接词尾，表示对前句中的事实，后句表现出相反的结果或情况。动作动词时用"-는데"，状态动词时用 "-은데/ㄴ데"。状态动词以辅音结束时用"-은데"，以元音结束时用"-ㄴ데"。

- 저는 농구를 좋아하는데 친구들은 야구를 좋아합니다. 我喜欢篮球，但是我朋友喜欢棒球。
- 서울은 복잡한데 여기는 그렇지 않군요. 首尔很拥挤，但是这里不。
- 저는 영화를 보고 싶은데 친구들은 연극을 보고 싶어해요. 我想看电影，但是我的朋友想看戏剧。
- 내일 시험을 보는데 공부하기가 싫어요. 我明天考试，但是我不想学习。
- 친구는 많은데 이야기할 사람이 없어요. 我朋友很多，但是没有人可以说说话。

02 -을/ㄹ 수 있다

和动作动词词干连用，用来表示有做某种行为的能力或者可能性。没有这种能力或没有可能性时用“-을/ㄹ 수 없다”。如果动词词干以辅音结尾用“-을 수 있다”，如果动词词干以元音结尾用“-ㄹ 수 있다”。

- 나도 한국말을 할 수 있습니다. 我也会说韩语。
- 내일은 한가하니까 갈 수 있어요. 我明天有空，可以去。
- 여기서 좌회전을 할 수 있습니까? 你能在这儿左转吗?
- 한국 신문은 어려워서 읽을 수 없습니다. 韩语报纸很难，我读不懂。
- 길이 복잡해서 운전할 수 없습니다. 路况太复杂了，我开不了车。

02 날씨가 조금 흐린데요

학습 목표 ● 과제 오늘 날씨 말하기 ● 문법 -은 후에, -겠-[2] ● 어휘 날씨 관련 어휘

제임스와 미선이 무엇을 합니까?
날씨가 어떻습니까?

CD2: 39~40

미선 오늘 날씨가 조금 흐린데요.
제임스 네, 하늘에 구름이 좀 꼈어요.
미선 바람도 좀 부는데요.
제임스 아마 저녁에는 비가 올 거예요.
미선 비가 온 후에는 날씨가 맑겠지요?
제임스 네, 내일은 맑을 거예요.

흐리다
阴

하늘
天空

구름이 끼다
多云

맑다
晴

어휘

날씨

흐리다

개다

맑다

구름이 끼다

안개가 끼다

비가 오다/내리다 → 비가 그치다

눈이 오다/내리다 → 눈이 그치다

바람이 불다

바람이 강하다

바람이 약하다

- 어떤 날씨입니까? 그림을 보고 이야기하십시오.

[보기]

❶

❷

❸

❹

비가 와요.

문법 연습

-은 후에

01

1) 한 문장으로 만드십시오.

[보기] 밥을 먹습니다. 그리고 커피를 마십니다.
➔ 밥을 먹은 후에 커피를 마십니다.

❶ 점심을 먹습니다. 커피를 마십니다.
➔ ....

❷ 결혼식을 합니다. 신혼여행을 갑니다.
➔ ....

❸ 숙제를 합니다. 친구를 만납니다.
➔ ....

❹ 이를 닦습니다. 아침을 먹습니다.
➔ ....

❺ 인터넷으로 예매를 합니다. 극장에 가서 표를 받습니다.
➔ ....

2) 무엇을 먼저 합니까? 말하십시오.

[보기] 아침에... 밥을 먹다, 이를 닦다
➔ 아침에 저는 이를 닦은 후에 밥을 먹어요.

❶ 옷을 입을 때... 바지를 입다, 양말을 신다
❷ 외출하기 전에... 화장하다, 옷을 입다
❸ 학교에 와서... 자리에 앉다, 친구와 인사하다
❹ 집에 가서... 점심을 먹다, 숙제를 하다
❺ 자기 전에... 세수를 하다, 잠옷을 입다

02

-겠-²

1) 말하십시오.

[보기] 어제 밤에 1시에 잤습니다.
➔ 피곤하겠습니다.

❶ 내일 친구들과 제주도에 갑니다.
➔ ......

❷ 아침과 점심을 안 먹었습니다.
➔ ......

❸ 친구들한테서 생일 선물을 많이 받았습니다.
➔ ......

❹ 도서관에서 일합니다.
➔ ......

2) 읽고 추측하는 문장을 만드십시오.

정우 씨는 서울에 사는 회사원입니다. 정우 씨는 가족이 많습니다. 결혼을 해서 아내와 아들 둘, 딸이 셋이 있습니다. 그리고 아버지, 어머니와 같이 삽니다. 집 근처에 공원이 있습니다. 공원이 크고 깨끗합니다.

[보기] 가족이 많아서 재미있겠습니다.

❶ ......

❷ ......

❸ ......

과제 1 말하기

01 지도를 보고 묻고 대답하십시오.

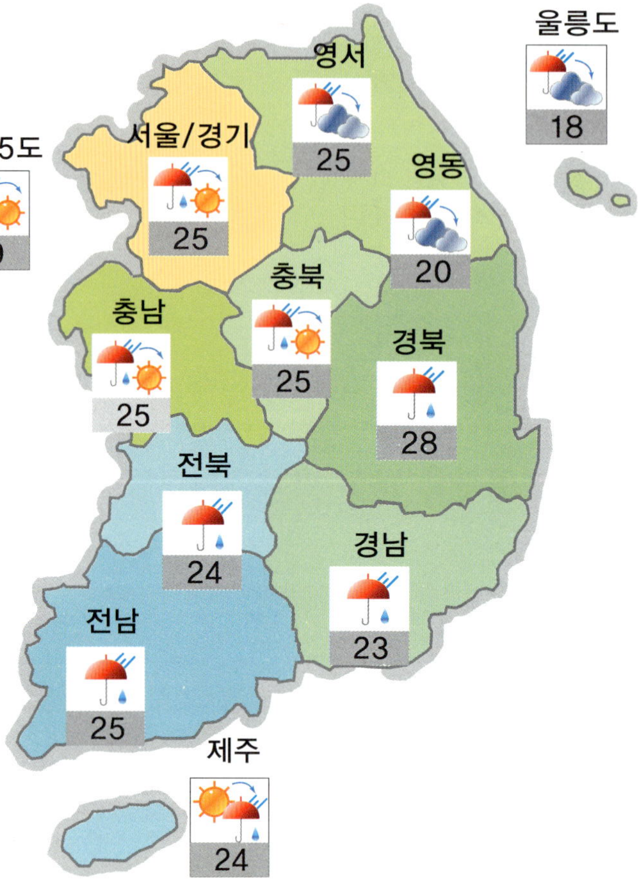

[보기] 가: 오늘 서울 날씨가 어떨까요?
나: 오전에 비가 온 후에 오후에는 개겠어요.

02 한 곳을 골라 생활 날씨를 말하십시오.

[보기] "우산을 준비하세요. 자동차는 다음에 닦으세요.
운동은 실내에서 하세요."

생활 날씨 天气和生活　우산 雨伞　준비하다 准备　실내 室内

과제 2 듣고 말하기 [CD2: 41]

01 듣고 대답하십시오.

1) 언제 들을 수 있는 일기예보입니까?

❶ 밤	❷ 아침
❸ 낮	❹ 저녁

2) 날씨가 어떻게 변합니까? 쓰십시오.

전남 : 비가 옵니다. ➔ ……………………

서울 : …………………… ➔ ……………………

3) 서울에서 일기예보를 듣고 하는 말입니다. 맞는 것을 고르십시오.

❶ 눈이 오니까 일찍 출근하세요.

❷ 오늘은 바람이 안 불어서 좋아요.

❸ 오늘 밤에는 우산을 준비하세요.

❹ 오후에 빨래를 합시다.

일기예보 天气预报 **남쪽** 南部，南边，南方 **지방** 地区，地方 **출근** 上班 **빨래** 脏衣服 **전국** 全国 **낮** 白天

对话

美 善 今天有点阴天。
詹姆斯 是的，有一点儿多云。
美 善 还刮风呢。
詹姆斯 晚上也许会下雨。
美 善 下过雨以后天就会晴吧？
詹姆斯 是的，明天就会晴天的。

문법 설명

01 －은/ㄴ 후에

和动作动词词干连用，前句的事情结束后紧跟着发生后句的行为。如果动作动词词干以辅音结尾用"－은 후에"，如果动作动词词干以元音结尾用"－ㄴ 후에"。

- 식사한 후에 차를 마십니다. 吃完饭以后喝茶。
- 내 말을 들은 후에 질문하세요. 请在我讲完以后提问题。
- 학교를 졸업한 후에 뭘 하시겠어요? 你毕业以后要做什么？

在名词后面，不用"－은/ㄴ 후에"，而用"－ 후에"。

- 30분 후에 다시 걸겠습니다. 我30分钟以后再给你打电话。
- 퇴근 후에 한잔 합니다. 下班以后我们去喝酒吧。
- 일 년 후에 결혼하겠어요. 我一年后要结婚。

02 -겠-²

和动作动词或状态动词词干连用的词缀，表示根据说话人的情况和状态，做出的假设或推测。

- 제목을 보니까 이 영화가 재미있겠어요. 看了电影名，就知道这部电影会很有趣。
- 주말이라서 교통이 복잡하겠어요. 因为是周末，所以交通一定很拥挤。
- 일이 많아서 금방 끝내기가 힘들겠어요. 要做的事太多了，要在短时间之内完成肯定很困难。
- 피아노를 잘 치니까 훌륭한 음악가가 되겠어요. 你钢琴弹得这么好，一定会成为一名优秀的钢琴家。
- 하늘을 보니까 오후에는 비가 오겠어요. 看看天空，我觉得下午会下雨。

03 오늘보다 따뜻할 것 같아요

학습 목표 ● 과제 날씨 비교하여 말하기 ● 문법 보다, -을 것 같다 ● 어휘 날씨 관련 어휘

제임스는 무엇을 질문하고 있습니까?
미선은 무슨 계절을 말하고 있습니까?

CD2: 42 ~ 43

제임스 내일은 날씨가 어떨까요?

미선 오늘보다 따뜻할 것 같아요.

제임스 미선 씨 고향은 겨울에 날씨가 어때요?

미선 남쪽이니까 서울보다 따뜻해요.

제임스 여름에는 날씨가 어때요? 더워요?

미선 네, 덥고 비가 많이 와요.

보다
比

어휘

날씨

30°	덥다
20°	따뜻하다
10°	선선하다
5°	쌀쌀하다
−10°	춥다

● 지도를 보고 아래 도시의 날씨를 쓰십시오.

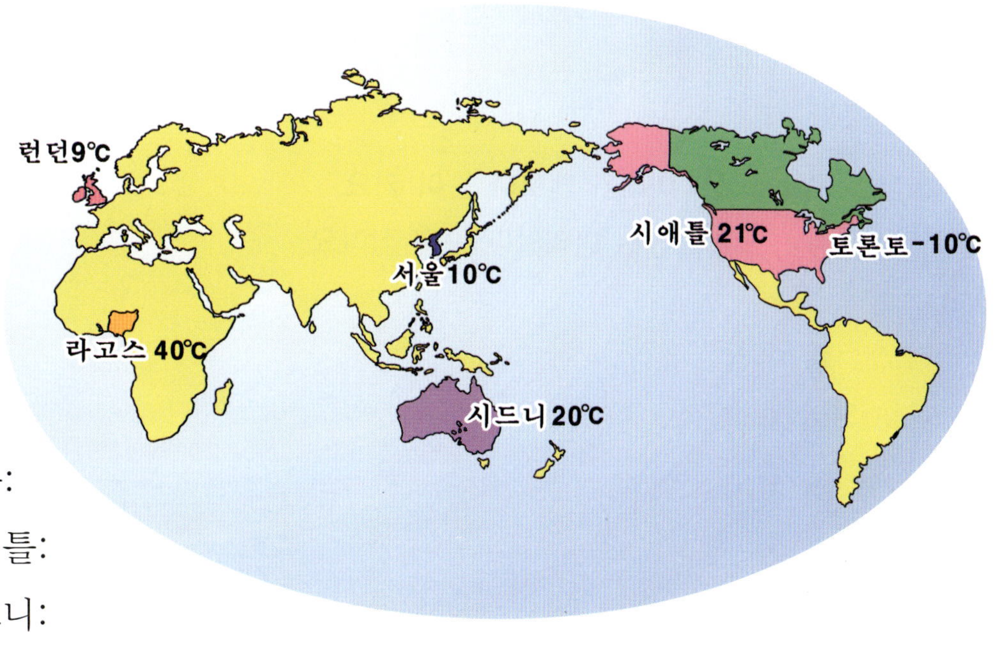

❶ 서울:

❷ 시애틀:

❸ 시드니:

❹ 라고스:

❺ 토론토:

[보기] 런던: 선선합니다.

YONSEI KOREAN 1

문법 연습

보다

01 말하십시오.

[보기] 눈: 마리가 앤보다 눈이 커요.
앤이 마리보다 눈이 작아요.

❶ 머리
❷ 가방
❸ 치마
❹ 키
❺ 커피

-을 것 같다

02 말하십시오.

[보기] 엄마는 쇼핑을 한 것 같아요.
가방이 무거운 것 같아요.

❶ 할아버지

❷ 할머니

❸ 누나

❹ 형

❺ 동생

과제 1 쓰기

● 여러 나라의 6월 날씨입니다.

볼리비아(라파스)	일본(도쿄)	베트남(하노이)	뉴질랜드(크라이스처치)

구름 조금 37℃	구름 많음 27℃	맑음 20℃	흐리고 비 10℃

01 어느 나라 날씨 이야기입니까?

❶ "선선할 거예요." (　　　　　)

❷ "따뜻할 거예요." (　　　　　)

❸ "조금 덥고 습할 거예요." (　　　　　)

❹ "아주 더워서 바닷가에 가면 좋을 거예요." (　　　　　)

02 그림을 보고 두 나라의 날씨를 비교하십시오.

[보기] 볼리비아와 뉴질랜드 – 볼리비아가 뉴질랜드보다 더 덥습니다.
뉴질랜드가 볼리비아보다 습합니다.

❶ 볼리비아와 일본- ....

....

❷ 일본과 뉴질랜드- ....

....

❸ 베트남과 뉴질랜드- ....

....

습하다 潮湿　바닷가 海边　더 更

과제 2 쓰고 말하기

01 여러분 고향의 날씨 이야기를 쓰십시오.

[보기] 한국의 날씨를 소개하겠습니다. 한국에는 사계절이 있습니다.
봄, 여름, 가을, 겨울입니다.
봄은 3,4,5월이고 날씨가 따뜻하지만 바람이 좀 붑니다.
여름은 6,7,8월입니다. 아주 덥고 비가 많이 옵니다. 7월은 비가 자주 오는 장마철입니다.
가을은 9,10,11월입니다. 시원하고 날씨가 참 좋습니다.
겨울은 12,1,2월입니다. 춥고 눈이 옵니다. 눈이 오면 아이들은 눈사람을 만들고 눈싸움도 합니다.

02 친구들에게 고향 날씨를 물어보고 여러분 고향 날씨와 비교해서 말하십시오.

[보기] 일본도 사계절이 있습니다.
일본은 한국보다 덥습니다.
여름에 한국보다 더 습합니다.

장마철 梅雨季 **눈싸움** 雪仗

对话

詹姆斯	明天天气怎么样?
美 善	会比今天暖和些。
詹姆斯	你家乡冬天天气怎么样?
美 善	我家乡在南方，所以比首尔暖和。
詹姆斯	夏天天气怎么样? 热吗?
美 善	是的，很热，雨也很多。

문법 설명

01 보다

和名词连用的助词，用于两事物之间的比较。“보다” 前面的名词是被比较的对象。

- 언니가 동생보다 커요. 姐姐比妹妹个子高。
- 한국말이 영어보다 더 어려워요. 韩语比英语更难。
- 어제보다 오늘이 더 추워요. 今天比昨天更冷。
- 저는 불고기보다 갈비를 더 좋아해요. 比起烤肉来，我更喜欢吃排骨。
- 지하철이 버스보다 더 빨라요. 地铁比公共汽车更快。

02 -을/ㄹ 것 같다

和动作动词或者状态动词词干连用，表示对将来动作或者状态的推测。如果动词词干以辅音结尾时用“-을 것 같다”，以元音结尾时用“-ㄹ 것 같다”。

• 너무 배가 고파서 많이 먹을 것 같아요.	我好饿，能大吃一顿。
• 곧 비가 올 것 같아요.	看起来马上要下雨了。
• 미선 씨는 목소리가 예뻐서 노래를 잘 부를 것 같아요.	美善的嗓子很好，唱歌也会很好听。
• 이 음식은 너무 매울 것 같아요.	这个东西看起来很辣。
• 이번 시험이 어려울 것 같아요.	这次考试好像会很难。

04 저기에서 사람들이 운동을 하고 있어요

학습 목표 ● 과제 계절 활동 말하기 ● 문법 -는군요, -고 있다 ● 어휘 계절 활동 관련 어휘

두 사람은 무슨 이야기를 합니까?
미선 씨는 계절마다 무슨 운동을 합니까?

CD2: 44 ~ 45

제임스	봄이 되니까 산책하는 사람이 많군요.
미선	저기에서 사람들이 운동을 하고 있어요.
제임스	미선 씨는 무슨 운동을 자주 하세요?
미선	봄에는 등산을 하고 여름에는 수영을 해요.
제임스	한국 사람들은 등산을 참 좋아하는 것 같아요.
미선	산이 많아서 그럴 거예요.

등산 登山

수영 游泳

계절 활동

● 다음 계절에 무엇을 합니까? 쓰십시오.

봄	여름	가을	겨울
[보기] 소풍을 가요.			

문법 연습

01

–는군요

1) 말하십시오.

[보기] 날씨가 덥습니다. ➔ 날씨가 덥군요.

❶ 음식이 맛있습니다. ➔

❷ 노래를 잘 합니다. ➔

❸ 영화를 자주 봅니다. ➔

2) 기네스북을 보고 말하십시오.

이름: 잔느 루이스
국적: 프랑스
나이: 122살

이름: 로버트 퍼싱
국적: 미국
키: 272cm(8ft 11in)

이름: 더글라스
클라우디아
국적: 브라질
키: 90cm, 93cm

[보기]
나이가 정말 많군요!

이름: 존 브라우어
국적: 미국
무게: 635kg

이름: 파다웅족 여인
국적: 미얀마
목 길이: 40cm

이름: 줄리아 로버츠
카메론 디아즈
영화 한 편 출연료:
$ 20,000,000

–고 있다

02 1) 질문에 대답하십시오.

[보기] 지금 무엇을 하고 있어요?
텔레비전을 보고 있어요.

❶ 지금 무엇을 하고 있어요?

....

❷ (어제 저녁 7시에 전화를 했습니다.) 그때 무엇을 하고 있었어요?

....

2) 그림을 보고 말하십시오.

[보기]

지금 신문을 보고 있어요.

❶

❷

❸

❹

❺

과제 1 말하고 쓰기

01 사람들이 무엇을 하고 있습니까? 묻고 대답하십시오.

[보기] 가: 아이들이 무엇을 하고 있습니까?
나: 모래로 집을 짓고 있습니다.

[보기] ❶ ❷ ❸ ❹

02 그림을 보고 설명하십시오.

[보기] 아이들이 모래로 집을 짓고 있어요.
그 옆에서 사람들이 수박을 먹고 있어요.

모래 沙子 **짓다** 建造，造

과제 2 듣기 [CD2: 46]

01 지금은 무슨 계절입니까?

02 듣고 같으면 O, 다르면 X 표시를 하십시오.

❶ 강릉에는 산이 있어요. (　　)

❷ 주말에 날씨가 추울 것 같아요. (　　)

❸ 이 사람은 가족과 수영할 거예요. (　　)

❹ 요즘 단풍이 있어서 산이 아주 아름다워요. (　　)

요즘 最近，这几天　**강릉** 江陵

对话

詹姆斯 春天到了，散步的人真多啊!
美 善 人们在那儿运动呢。
詹姆斯 你经常做什么运动呀?
美 善 我春天爬山，夏天游泳。
詹姆斯 韩国人好像很喜欢爬山。
美 善 那也许是因为韩国的山很多。

문법 설명

01 -는군요/군요

和动作动词或者状态动词词干连用的终结词尾，表示说话时对新发现的事物的感叹。动作动词词干后连用"-는군요"，状态动词词干后连用"-군요"，"-었/았/였-"或"-겠-"后用"-군요"。

- 매운 음식을 잘 잡수시는군요. 你真能吃辣!
- 아, 저 분이 영수 씨 아버님이시군요. 哦，那位是英秀的爸爸!
- 방이 참 넓군요. 这个房间真大!
- 미선 씨가 어머님을 닮았군요. 美善长得很像她妈妈!
- 어제 잠을 못 자서 아주 피곤하겠군요. 你昨晚没睡好，现在一定很累!

02 -고 있다

和动作动词词干连用，表示正在进行或持续的动作。

• 연세대학교에서 한국말을 배우고 있습니다.	我正在延世大学学习韩语。
• 저기 뛰어가고 있는 사람이 우리 오빠예요.	正在那儿跑步的那个人是我哥哥。
• 음악을 듣고 있는데 아버지가 방에 들어오셨어요.	我正在听歌的时候，爸爸走进房间来了。
• 무슨 일을 하고 계십니까?	你做什么工作?
• 지금 뭐 하고 있어요?	你现在干吗呢?

05 정리해 봅시다

읽어 봅시다 [CD2: 47]

1. 스키를 탈 수 있는 겨울이 좋아요
2. 날씨가 조금 흐린데요
3. 따뜻할 것 같아요
4. 산이 많아서 그럴 거예요

확인해 봅시다

I

표를 완성하십시오.

감	귤	독서를 하다	수박
눈이 오다	단풍 구경을 하다	춥다	스키를 타다
꽃구경을 가다	시원하다	눈사람을 만들다	따뜻하다
선선하다	덥다	딸기	피서를 가다

	과일	날씨	활동
봄			
여름			
가을			
겨울			

만든 개수가...

~7개 ☹ 8개~11개 😐 12~16개 ☺

정리

II

아래 표현을 4개 이상 써서 이야기를 하십시오.

-을 수 있다/없다	-은 후	-겠-	보다
-은/는/을 것 같다	-고 있다	-는데	-은데/ㄴ데

[보기] 지난 주말에 무엇을 했습니까?
지난 주말에는 점심을 먹은 후에 TV를 봤습니다. TV에서는 코미디를 하고 있었습니다. 저는 코미디보다 영화를 좋아합니다. 코미디는 이해할 수 없습니다. 코미디를 보면 한국 친구들은 웃는데 저는 웃지 않습니다. 조금 후에 영화를 시작해서 영화를 봤습니다. 영화는 조금 알 수 있었습니다.

1) 어제 무엇을 했습니까?
2) 다음 방학에 무엇을 하겠습니까?
3) 수업 후에 무엇을 하겠습니까?

III

두 곳을 선택해서 비교하는 글을 쓰십시오.

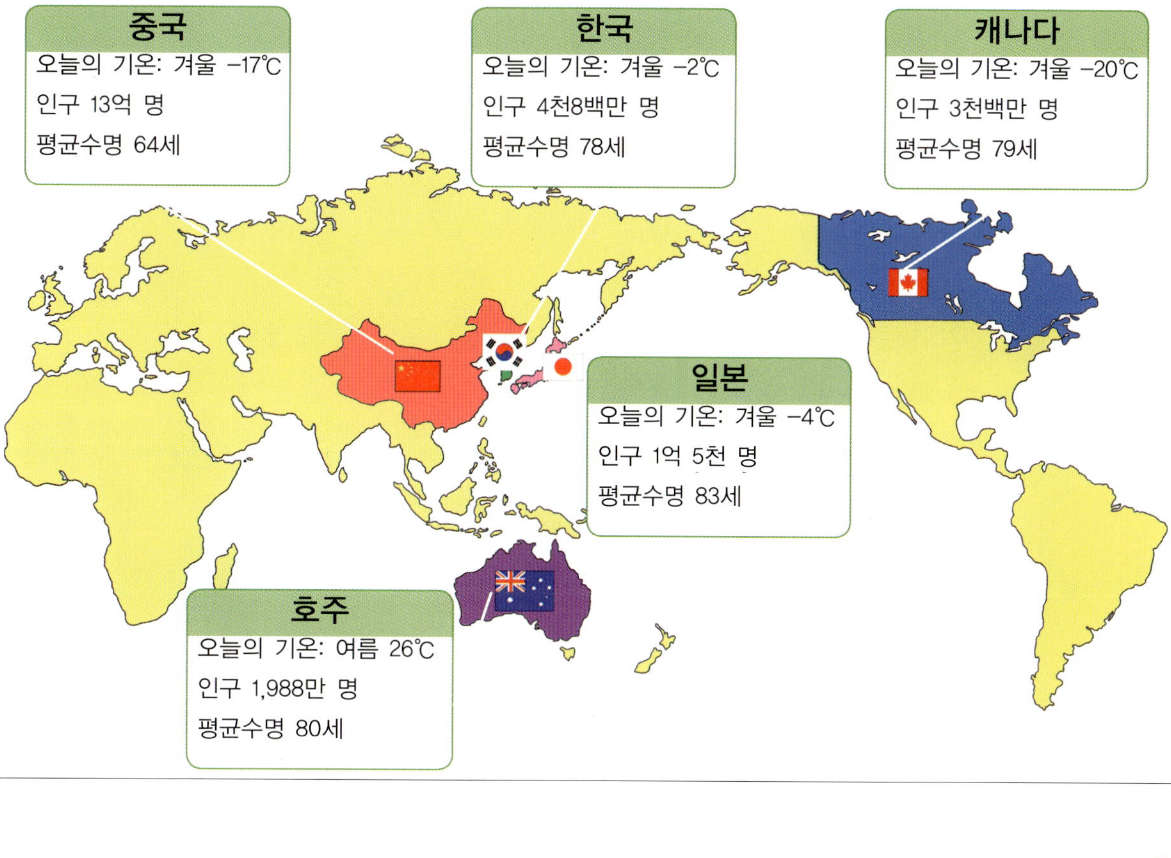

제임스가 본 한국

韩国春季里的花

韩国一到春天，到处都盛开着黄色的迎春花和粉红的杜鹃花。迎春花的叶子还没长出来的时候，花就已经开了，一簇一簇的，像小星星一样。每当迎春花开的时候，整个城市都突然亮了起来，人们就知道春天到了。而山上的杜鹃花开的时候，整座山又变成了杜鹃花的海洋，人们这时会去登山赏花。还有些人会用杜鹃花来做年糕和酒。

自古以来韩国人就很喜爱杜鹃花。美善告诉我，韩国有很多关于杜鹃花的歌曲和诗歌，这些歌曲表达了人们心中淡淡的忧伤。我曾经听过一首流行歌曲"杜鹃花"，是由一首韩国著名的诗歌改编而来的。这首歌带给我的不仅仅是忧伤，还有一种很强烈的情感，一种化悲愤为力量的动力。

진달래

개나리

여러분 나라의 봄꽃은 어떤 것이 있습니까? 소개해 보십시오.

일본: 벚꽃

梅雨和沙尘暴("Hwangsa")

韩国的春季和夏季经常会有一些特别的天气，像沙尘暴和梅雨。从三月到五月是韩国的春天，天气很暖和，到处都开满了花。但是风刮得很厉害，特别是三四月份，从中国刮来的风，夹杂着黄沙，就形成了沙尘暴。沙尘暴对环境的污染很大，很多人会因此染上感冒、眼疾或者皮肤病。所以人们出门的时候都戴着口罩或者墨镜。

六月到八月是韩国的夏天。通常从六月底到八月底是梅雨季，也是洪水和泥石流的多发时节。梅雨季大概在七月底就会过去，接着就是度假的好时节了。但是雨季过后，天气还是非常潮湿，所以韩国人会在最热的"삼복더위"吃"삼계탕"来进补。

여러분 나라에서는 어떤 특별한 날씨가 있습니까?

제10과 휴일과 방학

01
제목 | 설악산에 가려고 해요
과제 | 계획 말하기
어휘 | 휴일 관련 어휘
문법 | -으려고 하다, 동안

02
제목 | 시간이 있을 때는 여행을 가요
과제 | 취미 활동 말하기 1
어휘 | 취미 활동 관련 어휘
문법 | -을 때, 중에서 ~제일

03
제목 | 극장에 자주 못 가요
과제 | 취미 활동 말하기 2
어휘 | 영화 관련 어휘
문법 | 에 ~쯤, 못

04
제목 | 산책을 하고 집에서 쉬었어요
과제 | 주말 활동 이야기하기
어휘 | 운동 관련 어휘
문법 | -기 전에, -지 못하다

05
정리해 봅시다

- 제임스가 본 한국
  한국 영화
  즐거운 노래방

01 설악산에 가려고 해요

학습 목표 ● 과제 계획 말하기 ● 문법 -으려고 하다, 동안 ● 어휘 휴일 관련 어휘

웨이는 무슨 생각을 합니까?
웨이는 무엇을 하고 싶어 합니까?

CD2: 48 ~ 49

정희	웨이 씨, 방학이 언제예요?
웨이	6월 초에 수업이 끝나면 2주 동안 방학이에요.
정희	그래요? 웨이 씨는 뭘 하실 거예요?
웨이	이번 방학에는 설악산에 가려고 해요.
정희	등산을 하실 거예요?
웨이	아니요, 이번에는 사진을 찍으러 가요.

초 初
끝나다 结束
찍다 照

어휘

휴일

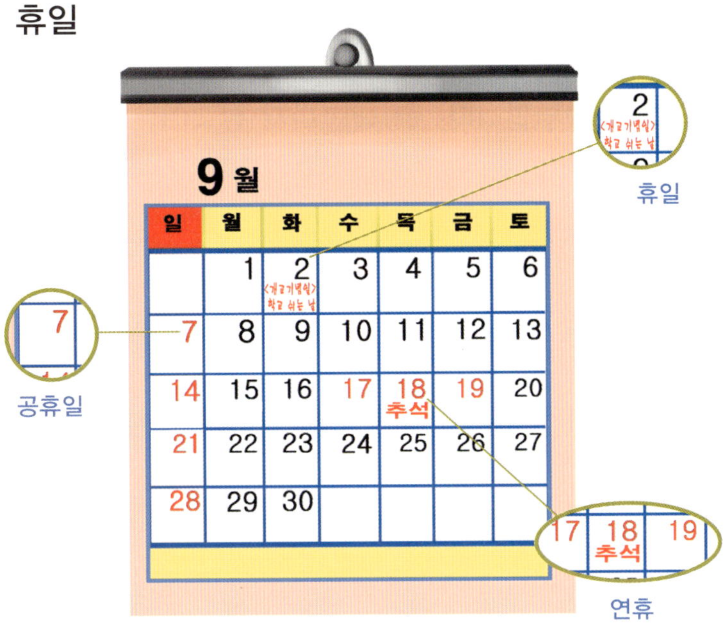

방학(봄/여름/겨울)

휴가

계획

계획이 없다

계획을 세우다

계획이 있다

● 쓰십시오.

공휴일	연휴	봄방학	여름방학

이제 2월입니다. 2월에는 쉬는 날이 많습니다. 먼저 '설날'이 있습니다. 설날은 3일 동안 쉬는 ([보기] 연휴)입니다. 학교도 회사도 쉽니다. 그리고 동생의 중학교 졸업식이 있습니다. 졸업식은 (   )은/는 아니지만 집에서 쉽니다. 졸업식 후에 15일 동안 (   )이/가 있습니다. 이때 설악산에 갈 계획입니다.

문법 연습

-으려고 하다

01

1) 문장을 만드십시오.

[보기] 내년까지 한국어를 공부합니다. ➔ 내년까지 한국어를 공부하려고 해요.

❶ 오후에 영화를 봅니다. ➔ ....

❷ 한국 친구를 많이 사귑니다. ➔ ....

❸ 고향에 돌아간 후에 한국어 선생님이 됩니다.

➔ ....

2) 말하십시오.

[보기] 배가 고픕니다. ➔ 그래서 식당에 가려고 합니다.

❶ 다음 주에 시험이 있습니다. ➔ ....

❷ 비자가 필요합니다. ➔ ....

❸ 고향에서 친구가 옵니다. ➔ ....

❹ 내일이 친구의 생일입니다. ➔ ....

❺ 다음 달이 방학입니다. ➔ ....

동안

02 1) '동안'을 써서 대답하십시오.

[보기] 가: 방학 동안 뭘 했어요?
나: 방학 동안 일본에 있었어요.

❶ 얼마 동안 한국에서 공부했어요?
❷ 주말에 몇 시간 동안 한국말 공부를 했어요?
❸ 다음 방학 동안 뭘 할 거예요?
❹ 이번 학기 동안 하고 싶은 것이 있어요?

2) 친구들과 위와 같이 묻고 대답하십시오.

과제 1 쓰고 말하기

01 방학 여행 계획표를 만드십시오.

- 나의 방학 계획: 여행
- 장소: 설악산
- 시간: 1주일
- 교통수단: 버스
- 숙박: 민박
- 준비물: 등산화

- 나의 방학 계획:
- 장소:
- 시간:
- 교통수단:
- 숙박:
- 준비물:

02 방학에 무엇을 합니까? 묻고 대답하십시오.

[보기] 가: 방학이 언제예요?
나: 다음 주부터 1달 동안이에요.
가: 그때 무슨 계획이 있어요?
나: 여행을 가려고 해요
가: 어디로 가려고 해요?
나: 설악산으로 가려고 해요
가: 얼마 동안 가려고 해요?
나: 1주일 동안 갈 거예요.
가: 뭘 타고 갈 거예요?
나: 버스를 탈 거예요.
가: 어디에서 잘 거예요?
나: 민박을 할 거예요.
가: 뭘 가지고 갈 거예요?
나: 등산화를 가지고 갈 거예요.

준비물 准备的东西 **등산화** 登山鞋

과제 2 읽고 말하기

● 읽고 대답하십시오.

내일부터 두 달 동안 수업이 없습니다. 이번 6월과 7월에 저는 하고 싶은 일이 많습니다. 밀린 공부도 하고 친구도 만나고 운동도 하고 싶습니다. 시간이 있으면 이곳저곳 구경도 하고 싶습니다.

그래서 오늘 방학 계획을 세우려고 합니다. 한 달은 공부를 하고 한 달은 여행을 하려고 합니다. 친구를 만나고 운동을 하는 것은 틈틈이 하겠습니다. 그런데 저는 지금 공부도 하고 싶고 여행도 하고 싶습니다. 어제 시험이 끝났으니까 지금 저는 모르는 것을 빨리 공부하고 싶습니다.

그렇지만 지금은 한 학기가 끝나서 좀 피곤합니다. 그리고 다음 달인 7월은 휴가철입니다. 휴가철에는 이곳저곳 아주 복잡할 거예요.

그러니까 6월에 여행을 하고 7월에 공부를 할까요? 아니면 6월에 공부를 하고 7월에 여행을 할까요?

01 무엇에 대한 글입니까?

❶ 주말여행 ❷ 밀린 공부 ❸ 여름 방학 계획 ❹ 휴가철

02 이 사람이 방학 때 하고 싶은 것은 무엇입니까?

❶ 책 구경 ❷ 친구 집 방문 ❸ 공부 ❹ 운동

03 이 사람은 어떻게 하는 게 좋을까요?

.... 는 게 좋겠어요.

이유는 ....

....

....

밀리다 堆积，挤 **이곳저곳** 到处，各处 **틈틈이** 空闲时间 **학기** 学期
휴가철 假期 **방문** 访问，作客 **그러니까** 所以，那么，然后 **아니면** 或者

对话

政喜	王伟，假期是什么时候？
王伟	六月初所有的课程都结束后有两周的假期。
政喜	是吗？ 假期你要做什么？
王伟	这个假期我打算去雪岳山。
政喜	你要爬山吗？
王伟	不是的，我这次是去拍照片。

문법 설명

01 -으려고/려고 하다

和动作动词词干连用，表示一个计划或者意图。如果动词词干以辅音结尾用"-으려고 하다"，以元音结尾用"-려고 하다"。

- 내일 대사관에 가려고 합니다. 我打算明天去大使馆。
- 오후 몇 시에 출발하려고 합니까? 你打算下午几点出发？
- 도서관에 가서 책을 읽으려고 합니다. 我想去图书馆看书。
- 우리 아들은 의사가 되려고 합니다. 我们的儿子想当医生。
- 김밥을 만들려고 합니다. 我想做紫菜包饭。

02 동안

用在表示期间的名词后面，表示一段时间，意思是“期间”。

- 1년 동안 한국말을 배웠어요. 我学了一年的韩语了。
- 사흘 동안에 생각이 달라졌어요. 三天的时间我的想法改变了。
- 얼마 동안 운동을 하실 거예요? 你要锻炼多久?
- 방학 동안 여행을 많이 하고 싶어요. 我假期想去很多地方旅行。
- 몇 달 동안 친구를 통 못 만났어요. 这几个月我一直没见到我的朋友。

02 시간이 있을 때는 여행을 가요

학습 목표 ● 과제 취미 활동 말하기 1 ● 문법 -을 때, 중에서 ~제일 ● 어휘 취미 활동 관련 어휘

두 사람은 무슨 이야기를 합니까?
정희는 시간이 있을 때 무엇을 합니까?

CD2: 50 ~ 51

웨이 제 취미는 사진 찍기예요.

정희 그래요? 뭘 찍는데요?

웨이 주로 꽃을 찍어요. 정희 씨 취미는 뭐예요?

정희 시간이 있을 때는 여행을 가요.
그리고 영화 보는 것도 좋아해요.

웨이 여행하신 곳 중에서 어디가 제일 좋았어요?

정희 저는 제주도가 제일 좋았어요.

주로 主要
중 当中
제일 最

어휘

취미

영화 보기/영화 감상

음악 듣기/음악 감상

책 읽기/독서

사진 찍기

그림 그리기

노래 부르기

춤 추기

여행

등산

낚시

운동

바둑

컴퓨터 게임

요리

● 연결하십시오.

[보기] 제 취미는 등산이에요.

저는 음악 감상이 취미예요.

저는 컴퓨터 게임을 좋아합니다.

저는 매일 사진을 찍어요.

저는 운동을 좋아해요.

저는 노래를 좋아해서
노래방에 자주 가요.

제 취미는 낚시예요.

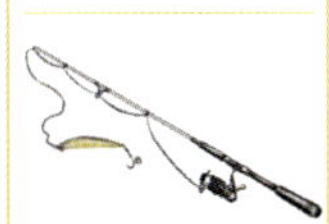

문법 연습

-을 때

01

1) 언제 쓰는 물건입니까?

[보기]

비가 올 때 써요.

❶

❷

❸
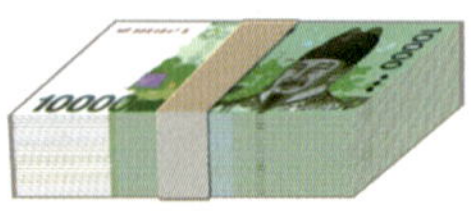

2) 표를 완성하십시오.

	나	친구 1:............	친구 2:............
기분이 좋습니다.	[보기] 기분이 좋을 때는 노래를 불러요.		
피곤합니다.			
심심합니다.			
기분이 좋지 않습니다.			

[보기] 가: 기분이 좋을 때 뭘 해요?
나: 기분이 좋을 때는 노래를 불러요.

중에서 ~제일

02 그림을 보고 대답하십시오.

[보기] 가: 어떤 음식이 맛있을까요?

나: 여기 있는 음식 중에서 케이크가 제일 맛있을 것 같아요.

❶ 누가 기분이 좋은 것 같아요?

❷ 어느 선물이 제일 비싸요?

❸ 누가 제일 키가 커요?

❹ 누가 제일 늦었어요?

과제 1 말하기

01 친구에게 묻고 표를 완성하십시오.

[보기] 가: 취미가 뭐예요?
나: 낚시예요.
가: 언제 낚시를 하세요?
나: 기분이 우울할 때 해요.
가: 어디에서 하세요?
나: 가까운 강에서 해요.
가: 누구하고 하세요?
나: 혼자 해요.

	영수	친구 ....
취미	낚시	
언제	우울할 때	
어디에서	가까운 강	
누구하고	혼자	

02 친구의 취미를 발표하십시오.

[보기] 영수 씨 취미가 낚시예요. 영수 씨는 기분이 우울할 때 낚시를 해요. 가까운 강에서 혼자 해요.

우울하다 忧郁　강 江

과제 2 듣기 [CD2: 52]

● 듣고 대답하십시오.

01 연결하십시오.

웨이 •	• 사진 찍기
	• 영화 보기
리에 •	• 책 읽기
	• 그림 그리기
제임스 •	• 음악 듣기

02 이 사람들은 언제, 어디에서 만납니까?

① 토요일 오전, 학교
② 금요일 아침, 책방
③ 토요일 오후, 공원
④ 토요일 저녁, 집

03 이 대화를 듣고 하는 말입니다. 맞는 것을 고르십시오.

① 제임스 씨는 집에서 자고 싶어해요.
② 웨이 씨는 사람을 찍고 싶어해요.
③ 리에 씨가 내일 전화를 할 거예요.
④ 다 같이 서울에서 제일 큰 책방에 가려고 해요.

책방 书店 경치 景色，风景

对话

王伟	我的爱好是照相。
政喜	是吗？ 照什么？
王伟	主要照花。你的爱好是什么？
政喜	有时间的时候我去旅行。我也喜欢看电影。
王伟	你去过的地方当中最喜欢哪个地方？
政喜	我最喜欢济州岛。

문법 설명

01 －을/ㄹ 때

和动作动词词干连用，表示动作发生的时间。动作动词词干以辅音结束时用"－을 때"，以元音结束时用"－ㄹ 때"。表示某个结束的动作时用过去时词尾"－었을/았을/였을 때"。

- 저녁을 먹을 때 손님이 오셨어요. 我们吃晚饭的时候，有客人来了。
- 버스를 탈 때 조심하세요. 上车的时候小心一点。
- 공항에 도착했을 때는 밤이었어요. 我们到机场的时候已经是晚上了。

名词后面不用"－을/ㄹ 때"，而用"때"。

- 점심 때 中午时
- 시험 때 考试时
- 방학 때 假期时
- 크리스마스 때 圣诞节时

02 중에서

在指代各种事物、对象的名词或者所列举的名词后连用，意思是“当中”。

- 한국 음식 중에서 무엇이 제일 맛이 있어요? 韩国菜当中什么最好吃?
- 고기하고 생선 중에서 저는 생선을 좋아해요. 肉和鱼当中，我更喜欢鱼。
- 한국에 있는 산 중에서 설악산이 제일 유명해요. 韩国的山之中雪岳山最有名。
- 이 중에서 사고 싶은 것을 고르세요. 从这些里面挑你最想买的。
- 운동 중에서 여름에 쉽게 할 수 있는 운동은 수영이에요. 运动当中，在夏天人们最容易想到的就是游泳了。

03 극장에 자주 못 가요

학습 목표 ● 과제 취미 활동 말하기 2 ● 문법 에 ~쯤, 못 ● 어휘 영화 관련 어휘

두 사람은 무슨 이야기를 합니까?
웨이는 어떤 영화를 좋아합니까?

CD2: 53 ~ 54

정희 웨이 씨는 영화를 자주 보세요?

웨이 아니요, 바빠서 극장에 자주 못 가요. 한 달에 한 번쯤 가요.

정희 어떤 영화를 좋아하세요?

웨이 슬픈 영화를 좋아해요.

정희 주말에는 표 사기가 어렵지요?

웨이 네, 그런데 요즘에는 인터넷으로 예매할 수 있어서 편해요.

슬프다 悲伤
어렵다 难
인터넷 因特网
예매하다 订票
편하다 方便，舒服

영화

공포 영화

액션 영화

코미디 영화

전쟁 영화

만화 영화

멜로 영화

공상 과학 영화

가족 영화

- 무슨 영화를 보고 한 말일까요?

"아주 무서웠어요."	공포 영화
"너무 웃어서 배가 아파요."	....
"그림이 귀엽고 색이 예뻐요."	....
"두 사람의 사랑 이야기가 참 아름다웠어요."	....
"정말 로봇이 밥을 해 주는 때가 올까요?"	....
"이 세상에 총과 칼이 없으면 좋겠어요."	....
"주인공이 태권도를 정말 잘하는군요."	....

어휘

예매, 예약

예매하다	예약하다

● 연결하십시오.

[보기] 음악회 표 •　　　　• 예약하다

식당 •

호텔 •　　　　• 예매하다

축구경기 표 •

문법 연습

01

에 ~쯤

친구와 묻고 대답하십시오.

영화	한 달에	두 번쯤
운동	에	쯤
여행	에	쯤
쇼핑	에	쯤
데이트	에	쯤
외식	에	쯤

[보기] 가: 얼마나 자주 영화를 봅니까?
나: 한 달에 두 번쯤 봅니다.

02

못

표를 완성하십시오.

못하는 것		
운동	[보기] 스키	저는 스키를 못 타요.
외국어		
술		
음식		

YONSEI KOREAN 1

과제 1 듣기 [CD2: 55]

● 듣고 대답하십시오.

01 마리아 씨는 무슨 영화를 봤습니까?

02 이 영화는 어떤 영화입니까?

① 멜로 영화
② 공포 영화
③ 가족 영화
④ 코미디 영화

03 맞으면 O, 틀리면 X 하십시오.

1) 마리아 씨는 어제 친구와 책을 읽었습니다. ( )
2) 영화의 주인공은 병에 걸린 아이입니다. ( )
3) 이 영화에서 주인공은 죽습니다. ( )
4) 마리아 씨 생각에 민철 씨도 아마 이 영화를 보고 울 것 같습니다. ( )
5) 마리아 씨는 가족과 같이 이 영화를 봤습니다. ( )

감동적 感动 **살** 岁 **아이** 孩子 **병** 病 **때문에** 因为 **병에 걸리다** 生病
죽다 去世, 死 **꼭** 一定 **울다** 哭

과제 2 말하고 쓰기

01 친구와 묻고 대답하십시오.

1) 어떤 영화를 좋아하세요?
2) 극장에 얼마나 자주 가세요?
3) 극장에 보통 누구하고 가세요?
4) 요즘 무슨 영화를 봤습니까?
5) 그 영화가 어땠습니까?
6) 본 영화 중에서 무슨 영화가 제일 재미있었습니까?
7) 좋아하는 배우나 감독이 있습니까?
8) 왜 좋아합니까?

02 위의 내용을 글로 쓰십시오.

배우 演员 **감독** 导演

对话

政喜	你经常看电影吗？
王伟	不，我很忙，不能经常去电影院， 大概一个月去一次。
政喜	你喜欢什么样的电影？
王伟	我喜欢悲剧。
政喜	周末很难买到票吧？
王伟	是的，但是最近可以上网订票，很方便。

문법 설명

01 에 ~쯤

跟单位名词和数词连用，表示单位或者计算的基准的助词。对事物的数量、时间或地点的大概地估计，常和"쯤"连用。

- 하루에 8시간쯤 자요. 我每天差不多睡8个小时。
- 일주일에 한 번쯤 친구들을 만나요. 我大概每周见一次朋友。
- 1년에 두 번쯤 여행을 가요. 我一年大概去旅游两次左右。
- 하루에 5개쯤 만들어요. 我一次大概做五个。
- 귤 세 개에 1,000원쯤 해요. 三个橘子1000元左右。

02 못

用在动作动词前面的副词，意思是"不能够"、"没有这种能力"。如果和 "－하다" 动词连用，就放在 "하다"前面。

- 매운 음식을 못 먹어요. 我不能吃辣。
- 한자를 안 배워서 못 읽어요. 我没学过汉字，所以我不能读汉字。

- 어릴 때는 물이 무서워서 수영을 못 했어요. 我小时候因为怕水，不会游泳。
- 너무 피곤해서 시계 소리를 못 들었어요. 我太累了，所以没听到闹铃响。
- 한국은 교통이 너무 복잡해서 운전을 못하겠어요. 因为交通太复杂了，所以我在韩国不能开车。

04 산책을 하고 집에서 쉬었어요

학습 목표 ● 과제 주말 활동 이야기하기 ● 문법 -기 전에, -지 못하다 ● 어휘 운동 관련 어휘

두 사람은 무슨 이야기를 합니까?
웨이 씨는 무엇을 했습니까?

CD2: 56~57

정희 웨이 씨, 지난 주말에 뭘 하셨어요?
웨이 산책을 하고 집에서 쉬었어요. 정희 씨는 뭘 하셨어요?
정희 토요일에는 수영을 하고 일요일에는 탁구를 쳤어요.
웨이 주말마다 운동을 많이 하세요?
정희 탁구를 배우기 전에는 별로 많이 안 했어요.
웨이 탁구를 잘 치세요? 저는 잘 치지 못하는데 좀 가르쳐 주세요.

탁구를 치다 打乒乓球
마다 每
배우다 学习
별로 不太

● 그림을 보고 쓰십시오

공을 사용합니다	혼자 합니다	두 팀이 같이 합니다
[보기] 탁구	[보기] 스키	[보기] 야구

문법 연습

01

-기 전에

1) 한 문장으로 만드십시오.

[보기] 영화를 봅니다. 예매를 합니다.
➔ 영화를 보기 전에 예매를 해요.

❶ 식사합니다. 손을 닦습니다.
➔ ……………………………………

❷ 친구를 만납니다. 숙제를 합니다.
➔ ……………………………………

❸ 잠을 잡니다. 세수를 합니다.
➔ ……………………………………

2) 두 개를 골라 문장을 만드십시오.

수영하다	외출하다	화장하다	준비 운동하다
밥을 먹다	물을 마시다	이를 닦다	신발을 신다
거울을 보다	세수를 하다	샤워를 하다	머리를 감다
모니터를 켜다	컴퓨터를 켜다	구두를 닦다	구두를 신다

[보기] 수영하기 전에 준비 운동을 합니다.

-지 못하다

02

1) 문장을 만드십시오.

[보기] 수영을 해요.
→ 수영을 하지 못해요.

❶ 한국 음식을 만들어요.
→ ....

❷ 탁구를 쳐요.
→ ....

❸ 운전을 해요.
→ ....

2) 표를 완성하십시오.

	친구 1 ________	친구 2 ________
[보기] 운전을 해요?		

[보기] 가: 운전을 해요?
나: 네, 할 수 있어요. / 아니요, 하지 못해요.

과제 1 읽고 말하기

● 읽고 대답하십시오.

한국에서는 주말이나 휴일에 집에서 TV를 보거나 쉬는 사람이 제일 많습니다. 2000년 조사 (1999. 7. 16 ~ 2000. 7. 15)를 보면 주말과 휴일을 보내는 방법으로 TV 보기가 62.7%, 집에서 쉬기가 50.7%, 집안일이 33.5%였습니다. 그리고 친구를 만나는 사람은 32.3%, 여행은 15.1%, 컴퓨터 12.5%, 극장 10.1%, 스포츠 8%, 취미 활동은 3.2%였습니다.

그리고 여행을 가는 사람들은 관광지에 가는 사람(43%)이 제일 많았고, 다음은 놀이 공원(28.3%), 해수욕장(21.8%), 온천(21.8%), 산(11.4%), 스키장(4.6%)이었습니다.

01 표를 완성하십시오.

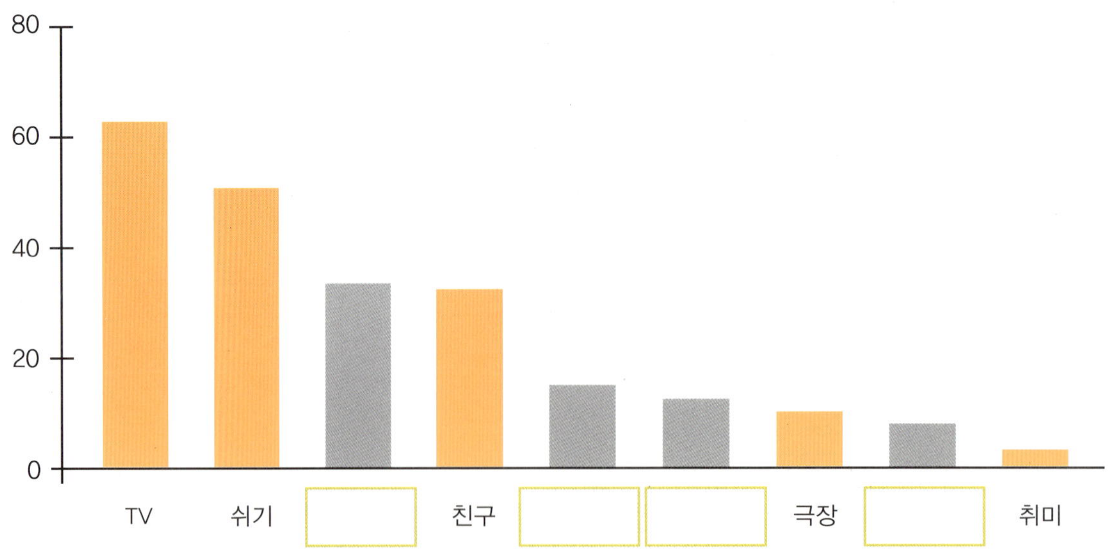

02 한국 사람들이 여행을 제일 많이 가는 곳은 어디입니까?

① 경주 ② 롯데월드 ③ 바다 ④ 북한산

03 맞으면 O, 틀리면 X 표시를 하십시오.

1) 주말에 밖에 나가는 사람보다 집에 있는 사람들이 더 많습니다. (　　)
2) 주말에 취미 활동을 하는 사람들은 별로 많지 않습니다. (　　)
3) 한국 사람들은 방학이나 휴가 때 보통 집에서 쉽니다. (　　)
4) 여행을 가는 한국 사람들은 관광지에 제일 많이 갑니다. (　　)

과제 2 쓰고 읽고 말하기

01 여러분은 지난 주말에 무엇을 했습니까? 간단하게 쓰십시오.

....

....

02 쓴 것을 친구들과 나누어 읽어 보고 누구의 주말 이야기인지 맞혀 봅시다. 왜 그렇게 생각합니까?

-거나 或者　조사 调查　보내다 过(时间)　방법 方法
집안일 家务　스포츠 运动　관광지 旅游地　놀이 공원 游乐园　온천 温泉

对话

政喜	王伟，你上周末干什么了？
王伟	我散了散步，然后就在家休息了。你呢？
政喜	我周六游泳，周日打乒乓球了。
王伟	你每个周末都运动吗？
政喜	我在学乒乓球之前，不怎么运动。
王伟	你乒乓球打得好吗？我打得不好，你教教我吧。

문법 설명

01 -기 전에

用在动作动词后面，表示一个动作发生在另一个动作之前。

- 밥을 먹기 전에 손을 씻어요. 吃饭前先洗手。
- 한국에 오기 전에 한국말을 하나도 몰랐어요. 我来韩国之前韩语一点儿也不会。
- 수영을 하기 전에 준비 운동을 하세요. 游泳前先做一下热身运动。
- 여행하기 전에 준비할 게 많아요? 旅游出发之前要准备的东西多吗？
- 물건을 사기 전에 계획을 세워요. 你买东西之前要先计划好。

名词前面不用 "−기 전에" 而用 "−전에"

- 10분 전에 전화가 왔어요. 10分钟之前来电话了。
- 한 달 전에 고향에 다녀왔어요. 一个月之前回了一趟家乡。
- 1년 전에 졸업했어요. 一年前毕业了。

02 −지 못하다

和动作动词连用，意思是 "不能够"，"没有这种能力"。

- 한자를 몰라서 신문을 읽지 못해요. 我不认识汉字，看不懂报纸。
- 어제 잠을 잘 자지 못해서 피곤합니다. 我昨晚没睡好，很累。
- 술은 한 방울도 마시지 못해요. 我一点儿酒也不能喝。
- 약속을 지키지 못해서 죄송합니다. 对不起，我失约了。
- 저는 노래를 잘 부르지 못합니다. 我唱歌唱得不好。

05 정리해 봅시다

● 읽어 봅시다 [CD2: 58]

1. 뭘 하실 거예요?
2. 제 취미는 사진 찍기예요
3. 예매할 수 있어서 편해요
4. 뭘 하셨어요?

● 확인해 봅시다

I

공통된 말을 찾으십시오.

[보기] 한국, 일본, 영국, 호주, 베트남 | 나 | 라 |

1) 컴퓨터 게임, 요리, 낚시, 바둑, 여행 | | |
2) 공포, 만화, 액션, 멜로, 전쟁 | | |
3) 골프, 스키, 야구, 태권도, 농구 | | |
4) 맑다, 흐리다, 구름, 바람, 춥다 | | |
5) 선생님, 학생, 칠판, 교실, 교과서 | | |
6) 카드, 케이크, 꽃, 선물, 미역국 | | |
7) 눈, 종이, 와이셔츠, 우유, 구름 | | | |

위와 같이 문제를 만드십시오.

8) ....
9) ....
10) ....

정리

II

아래에서 3~4개를 골라 주말 계획을 이야기하십시오.

-으려고 하다	-을 때	중에서 제일	별로
-을 수 있다/없다	에 쯤	-기 전에	

[보기] 영화

가: 주말에 뭘 할 거예요?

나: 영화를 보*려고 해요.*

가: 어떤 영화를 좋아해요?

나: 영화 *중에서* 멜로 영화를 *제일* 좋아해요.

가: 얼마나 자주 봐요?

나: 두 달*에* 한 번*쯤* 봐요.

가: 한국 영화도 *이해할 수 있어요?*

나: 아니요, 그렇지만 어학당에서 한국 영화를 *볼 때* 영화를 *보기 전에* 이야기해 줘서 조금 이해할 수 있어요.

1) 운동

가: ______________________

나: ______________________

가: ______________________

나: ______________________

가: ______________________

나: ______________________

가: ______________________

나: ______________________

정리

2) 여행

가: ....

나: ....

가: ....

나: ....

가: ....

나: ....

가: ....

나: ....

III

01 다음 중 한 개를 친구들에게 질문하십시오. 그리고 결과를 발표하십시오.

우리 반 취미 생활

1. 취미가 뭐예요?
   취미 활동을 얼마나 자주 하세요?
   왜 그 취미 생활을 시작했어요?

2. 어떤 영화를 좋아해요?
   영화를 얼마나 자주 봐요?
   영화 볼 때 먹는 음식이 있어요? 뭘 먹어요?

3. 가장 좋아하는 운동은 뭐예요?
   제일 잘하는 운동은 뭐예요?
   무슨 운동을 얼마나 자주 하세요?

4. 시간이 일주일쯤 있으면 어디로 여행을 가고 싶어요?
한국에서 제일 가고 싶은 곳이 어디예요?
여행을 자주 해요? 얼마나 자주 해요?

5. (직접 만드십시오.)

[보기] 우리 반 친구들은 TV 보는 것을 제일 좋아해요. 우리 반 60%의 취미가 TV보기예요. 특히, 드라마를 많이 봐요. 우리 반 친구들이 제일 많이 본 한국 드라마는 '대장금'이에요. 그리고 그 다음으로 영화 보는 것도 좋아하고 운동도 많이 해요. 운동 중에서는 조깅을 제일 많이 해요.

02 친구들의 취미 생활에 대한 글을 쓰십시오.

제임스가 본 한국

韩国电影

我喜欢在DVD室看电影。每当我感到无聊或者心情不好的时候，我会一个人或者约上朋友，舒舒服服地坐在DVD室，挑我想看的电影。而且DVD电影都有英文字幕，这样我既能看懂，又能学韩语。

说起我喜欢的电影，我按照影片的类型、导演，分成了几类。

이 중에 여러분이 본 영화가 있습니까? 어떤 영화가 재미있을 것 같아요?

멜로 영화 (爱情电影)

가족 영화 (家庭电影)

분단 관련 영화 (关于南北韩对立的电影)

充满欢声笑语的练歌房

如果你来到韩国，你可以看到各种各样的“방(房)”：练歌房、网吧、DVD室、桑拿房、洗衣房、……。在这么多的“房”中，人们最喜欢的就是练歌房了。好像韩国人都很喜欢唱歌，到处都是练歌房。

人们在聚会吃完饭以后，经常会和家人或者朋友去唱卡拉OK。在唱卡拉OK的时候，大家都手腕着手、唱着、跳着和玩着铃鼓，充满了欢声笑语。刚开始的时候，我还有点不好意思在这么多人面前唱歌，但是慢慢地我就习惯了，因为大家会和你一起唱。现在我也常和朋友们去唱卡拉OK。

여러분은 노래방에 가면 무슨 노래를 부르세요?

듣기 지문

6과 1항 과제 2

영수	미선 씨, 뭘 먹고 싶어요?
미선	글쎄요, 저는 과일하고 빵을 좋아해요. 영수 씨는 어때요?
영수	저도 좋아해요. 그럼, 과일하고 빵을 사러 갑시다. 어디에서 살까요?
미선	학교 근처 백화점에서 삽시다.
영수	백화점은 비싸지 않아요?
미선	그렇지만 물건이 많고 좋아요.
영수	우리 하숙집 근처 가게도 물건이 많고 좋아요.
미선	그 가게는 값이 싸요?
영수	네, 아줌마가 친절하고 값도 싸요.
미선	그래요? 그 가게에 갑시다.

6과 2항 과제 2

주인	어서 오십시오.
정희	가방 좀 보여 주세요.
주인	이 가방이 어떻습니까?
정희	글쎄요, 그건 좀 작아요.
주인	작지만 아주 싸고 예쁩니다.
정희	저는 저 큰 가방을 사고 싶어요.
주인	그 가방은 좀 비쌉니다.
정희	그럼 좀 싸고 큰 가방은 없어요?
주인	죄송합니다. 다른 가방이 없습니다.
정희	그럼, 다음에 다시 오겠습니다.
주인	네, 고맙습니다. 다음에 또 오십시오.

6과 3항 과제 2

1.

주인	어서 오십시오.
손님	사과 좋은 거 있어요?
주인	있습니다. 이 사과 아주 달고 맛있습니다.
손님	얼마예요?
주인	한 개에 1,000원입니다.
손님	이 귤은 얼마예요?
주인	세 개에 1,000원입니다.
손님	사과 다섯 개 하고 귤 세 개 주세요.

2.

손님 이 스웨터 얼마예요?
주인 한 벌에 45,000원입니다. 입어 보십시오.
손님 좀 작아요.
주인 그럼 저 파란 스웨터는 어떻습니까?
손님 얼마예요?
주인 50,000원입니다. 아주 좋습니다.
손님 그럼 저 파란 스웨터로 주세요.

3.

손님 공책 좀 보여 주세요.
주인 여기 있습니다. 구경하십시오.
손님 이건 얼마예요?
주인 한 권에 800원입니다.
손님 볼펜은 얼마예요?
주인 한 자루에 1,500원입니다.
손님 공책 두 권하고 볼펜 한 자루 주세요.

7과 1항 과제 2

웨이 리에 씨, 집이 어디입니까?
리에 학교 근처입니다.
웨이 어떻게 갑니까?
리에 동문에서 왼쪽으로 올라가서 똑바로 갑니다.
꽃가게 앞쪽에 우리 하숙집이 있습니다.
웨이 리에 씨 집은 산 쪽이네요. 우리 집은 신촌 쪽인데요.
리에 학교 정문 쪽입니까?
웨이 네, 백화점 근처에 있습니다.
리에 어떻게 갑니까?
웨이 정문 앞에서 백화점 쪽으로 똑바로 갑니다.
백화점 앞에서 공원 쪽으로 조금 가면 공원 오른쪽에 식당이 있습니다. 그 식당 앞 오피스텔입니다.

7과 3항 과제 1

1.

가 이거 광화문 가요?

나 네, 갑니다. 타세요.

가 광화문까지 멉니까?

나 아니요, 여기에서 5분쯤 걸립니다.

가 제가 정류장을 잘 모르니까 가르쳐 주세요.

나 네, 알겠습니다. 그리고 안내 방송을 하니까 걱정하지 마세요.

2.

가 실례합니다만 이거 동대문 갑니까?

나 아니요, 동대문은 저쪽에서 4호선을 타세요.

가 고맙습니다. 그런데 동대문까지 얼마나 걸립니까?

나 20분쯤 걸립니다.

3.

가 여보세요, 죄송합니다만 이거 부산에 갑니까?

나 네, 갑니다.

가 서울에서 부산역까지 얼마나 걸립니까?

나 3시간 반쯤 걸립니다.

가 고맙습니다.

7과 4항 과제 1

가 어서 오세요. 어디로 모실까요?

나 남대문 시장으로 갑시다. 얼마나 걸립니까?

가 20분쯤 걸립니다. 그런데 시장 안으로 들어갈까요?

나 아니요, 시장 안은 복잡하니까 육교 앞에 세워 주세요.

가 네, 다 왔습니다.

나 고맙습니다. 얼마입니까?

가 5,300원입니다.

나 여기 있습니다.

가 네, 700원 여기 있습니다. 안녕히 가십시오.

8과 1항 과제 2

제임스 마리아 씨, 내일 시간 있으세요?

마리아 글쎄요, 지금 잘 모르겠어요. 이따가 저녁에 전화 주세요.

제임스 그럼 전화번호 좀 가르쳐 주세요.

마리아 네, 집 전화번호는 2124-3479이고 휴대폰은 011-214-3479예요.

제임스 저녁에 제가 전화하겠습니다.

마리아 네, 그러세요. 아, 9시부터는 밖에서 친구를 만나니까 핸드폰으로 전화하세요.

제임스 8시 반 쯤 전화할게요.

마리아 네, 그러세요. 전화 기다릴게요.

8과 2항 과제 2

제임스 여보세요, 리에 씨 좀 바꿔 주세요.

아저씨 몇 번에 거셨어요?

제임스 2134-3469 아니에요?

아저씨 아닙니다. 잘못 거셨습니다.

제임스 정말 죄송합니다.

....

리에 여보세요.

제임스 여보세요. 리에 씨 계세요?

리에 바로 전데요. 제임스 씨예요?

제임스 네, 제임스예요.

리에 웬일이세요?

제임스 네, 리에 씨, 웨이 씨 전화번호를 몰라서요.

리에 집이요? 휴대폰이요?

제임스 휴대폰이요. 번호 좀 가르쳐 주세요.

리에 잠깐만요. 웨이 씨 휴대폰은 019-315-3894예요.

제임스 네, 고맙습니다. 리에 씨. 내일 학교에서 만나요.

리에 네, 그래요. 제임스 씨.

8과 4항 과제 1

하숙집 주인	여보세요?
민철	여보세요? 연세 하숙집입니까?
하숙집 주인	네, 그렇습니다. 누굴 찾으세요?
민철	실례지만 영수 씨 좀 바꿔 주세요.
하숙집 주인	영수 씨 지금 안 계신데요.
민철	그럼 리에 씨 계십니까?
하숙집 주인	리에 씨는 지금 친구와 통화중인데요.
민철	그럼 누구 다른 사람 있어요?
하숙집 주인	제임스 씨하고 정희 씨가 있어요.
민철	그럼 제임스 씨 좀 바꿔 주세요.
하숙집 주인	네, 잠깐만 기다리세요.

9과 2항 과제 2

밤에 남쪽 지방에 비가 내렸습니다.
전남 지방에는 많은 비가 내리기도 했는데요.
지금도 비가 조금 오는 곳이 있지만 이번 비는 오늘 오전에 그치겠습니다.
오늘 서울은 비가 내리지는 않겠고 흐린 후 맑겠습니다.
전국에 강한 바람이 불겠습니다.
날씨였습니다.

9과 4항 과제 2

정희	주말에 무엇을 하실 거예요?
과장	날씨가 따뜻해서 가족들과 같이 소풍을 갈 거예요.
정희	어디에 갈 거예요?
과장	강릉에 갈 거예요. 강릉은 바다도 볼 수 있고 산이 있어서 등산도 할 수 있어요. 요즘 꽃이 많이 피어서 산이 아름다울 것 같아요.
정희	수영도 할 거예요?
과장	아니요, 아직 좀 추울 것 같아요. 아이들과 배를 타고 바다 구경을 할 거예요.

10과 2항 과제 2

웨이	리에 씨, 토요일 오후에 뭘 하세요?
리에	제 취미가 그림 그리기예요. 그래서 공원에 가서 그림을 그리려고 해요.
웨이	저도 공원에서 경치를 찍을 거예요. 같이 가요.
리에	그래요. 제임스 씨도 같이 가요.
제임스	저는 토요일 오후에 집에서 소설책을 읽고 싶어요.
웨이	공원에서 책을 읽는 사람들도 많아요. 같이 가요. 공원 옆에는 서울에서 제일 큰 책방도 있어요.
제임스	그래요? 그럼 내일 아침에 전화해 주세요.
리에	네, 제가 전화할게요. 우리 모두 내일 오후에 공원에서 만나요.

10과 3항 과제 1

마리아	민철씨, '안녕, 형아' 봤어요?
민철	'안녕, 형아' 요? 그게 뭐예요? 책이에요?
마리아	아니요, 영화예요. 아직 안 보셨군요.
민철	네, 마리아 씨는 보셨어요? 어떤 영화예요?
마리아	네, 어제 친구와 같이 봤어요. 가족 영화예요.
민철	재미있어요?
마리아	네, 슬프고 감동적이에요. 러시아에 있는 가족들이 보고 싶었어요.
민철	주인공이 누구예요?
마리아	9살 남자 아이예요. 영화 속에서 이 아이의 형이 병 때문에 많이 아파요. 병에 걸린 형과 9살 된 동생, 그리고 부모님이 나와요.
민철	형이 죽어요?
마리아	그건 말할 수 없어요. 민철 씨도 꼭 보세요. 가족과 같이 보면 더 좋을 거예요.
민철	그 영화를 보고 울었어요?
마리아	네, 민철 씨도 꼭 손수건을 가지고 가세요.

색인

- 문법 색인
- 어휘 색인

문법 색인

ㄱ

- -겠-[2] 9과2항
- -고 있다 9과4항
- 과 6과1항
- -기 전에 10과4항
- 께 6과4항

ㄴ

- 나 8과1항
- -는 6과4항
- -는군요 9과4항
- -는데 9과1항
- -는데요 8과2항

ㄷ

- ㄷ 동사 7과4항
- 단위 명사 6과3항
- 동안 10과1항

ㄹ

- 르 동사 7과4항

ㅁ

- 만 8과4항
- 못 10과3항

ㅂ

- 보다 9과3항

ㅇ

- -아 주다 6과3항
- -아서[1] 7과1항
- -아서[2] 7과2항
- -어 주다 6과3항
- -어서[1] 7과1항
- -어서[2] 7과2항
- 에 쯤 10과3항
- 에게 6과4항
- 에게서 8과3항
- -여 주다 6과3항
- -여서[1] 7과1항
- -여서[2] 7과2항
- 와 6과1항
- -으니까 7과3항
- -으러 가다 6과1항
- -으려고 하다 10과1항
- -으로[1] 7과1항
- -으로[2] 7과2항
- -으면 8과3항
- -은 후에 9과2항
- -은(관형형[1]) 6과2항
- -은(관형형[2]) 6과4항
- -은데 9과1항
- -은데요 8과2항
- -을(관형형[2]) 6과4항
- -을 것 같다 9과3항
- -을 때 10과2항
- -을 수 없다 9과1항
- -을 수 있다 9과1항

-을 거예요	8과4항
-을게요	8과1항
이나	8과1항

ㅈ

중에서 제일	10과2항
-지 말다	7과3항
-지 못하다	10과4항
-지만	6과2항

ㅎ

ㅎ 동사	6과2항
한테	6과4항
한테서	8과3항

어휘 색인

ㄱ

어휘	과	항	구분
가깝다	6과	2항	기본어휘
가르치다	7과	3항	과제
가볍다	6과	2항	기본어휘
가을	9과	1항	기본어휘
가족 영화	10과	3항	기본어휘
가지고 가다	10과	1항	과제
갈아타다	7과	3항	기본어휘
감	9과	1항	기본어휘
감다	10과	4항	문법
감독	10과	3항	과제
감동적	10과	3항	과제
감상	10과	2항	기본어휘
강	10과	2항	과제
강릉	9과	4항	과제
강하다	9과	2항	기본어휘
개	6과	3항	기본어휘
개나리	9과	1항	기본어휘
개다	9과	2항	기본어휘
-거나	10과	4항	과제
걱정하다	7과	3항	과제
건	6과	2항	기본대화
건너다	7과	1항	기본어휘
건너편	7과	1항	기본어휘
걷다	7과	4항	기본대화
걸다	8과	2항	기본어휘
걸리다	7과	2항	기본대화
검은색	6과	2항	기본어휘
게임	7과	3항	문법
겨울	9과	1항	기본어휘
결혼식	6과	4항	문법
결혼하다	8과	5항	정리
경기	10과	3항	기본어휘
경주	8과	1항	문법
경치	10과	2항	과제
계절	9과	1항	기본대화
계절	9과	1항	기본어휘
계획	10과	1항	기본어휘
계획을 세우다	10과	1항	기본어휘
계획이 없다	10과	1항	기본어휘
계획이 있다	10과	1항	기본어휘
고르다	7과	4항	문법
고속버스	7과	2항	기본어휘
고속버스 터미널	7과	3항	기본어휘
고속전철	8과	1항	문법
고양이	6과	3항	기본어휘
골프	10과	4항	기본어휘
곳	7과	2항	과제
공	10과	4항	기본어휘
공상 과학 영화	10과	3항	기본어휘
공포 영화	10과	3항	기본어휘
공항	7과	3항	기본어휘
공휴일	10과	1항	기본어휘
과일	6과	1항	기본어휘
과일가게	6과	1항	기본어휘
관광지	10과	4항	과제
괜찮다	8과	2항	기본대화
교통	7과	2항	기본대화
교통수단	7과	2항	과제
구경	9과	1항	기본어휘
구경하다	6과	3항	기본대화
구름	9과	2항	기본어휘
구름이 끼다	9과	2항	기본대화
구름이 끼다	9과	2항	기본어휘
구조	8과	1항	기본어휘
국	8과	1항	기본어휘

어휘	과	항	구분
국제전화	8과	1항	기본어휘
권	6과	3항	기본어휘
귀걸이	9과	3항	문법
귀엽다	10과	3항	기본어휘
귤	6과	3항	과제
그러니까	10과	1항	과제
그렇지만	6과	1항	과제
그리다	10과	2항	기본어휘
그림 그리기	10과	2항	기본어휘
그쪽	7과	1항	기본어휘
그치다	9과	2항	기본어휘
기다리다	8과	1항	과제
기사	7과	4항	기본대화
기숙사	7과	1항	과제
기차	7과	2항	기본어휘
길	7과	1항	기본대화
길다	6과	2항	기본어휘
길이	9과	4항	문법
까맣다	6과	2항	문법
깎다	6과	4항	기본대화
께	6과	4항	기본어휘
꼭	10과	3항	과제
꽃	6과	1항	기본대화
꽃 가게	6과	1항	기본대화
꽃 가게	6과	1항	기본어휘
꽃구경	9과	4항	기본어휘
꽃다발	6과	4항	기본어휘
끄다	8과	2항	기본어휘
끊다	8과	4항	기본어휘
끝나다	10과	1항	기본대화
끼다	9과	2항	기본어휘

ㄴ

어휘	과	항	구분
나오다	7과	1항	과제
나이	9과	4항	문법
나중	8과	1항	문법
낚시	10과	2항	기본어휘
남기다	8과	2항	기본어휘
남자	7과	1항	기본대화
남쪽	9과	2항	과제
낮	9과	2항	과제
내리다	7과	3항	기본어휘
내리다	9과	2항	기본어휘
너무	7과	4항	문법
넥타이	6과	4항	기본어휘
넥타이핀	6과	4항	과제
노란색	6과	2항	기본어휘
노랗다	6과	2항	문법
노래 부르기	10과	2항	기본어휘
노래방	10과	2항	기본어휘
노트북	6과	5항	정리
놀이 공원	10과	4항	과제
놀이터	7과	5항	정리
농구	10과	4항	기본어휘
누르다	8과	2항	기본어휘
눈	8과	3항	문법
눈	9과	3항	문법
눈사람	8과	3항	문법
눈싸움	9과	3항	과제
눈이 그치다	9과	2항	기본어휘
눈이 내리다	9과	2항	기본어휘
눈이 오다	9과	2항	기본어휘
늦다	7과	2항	문법
늦다	8과	2항	기본대화

ㄷ

다	8과	4항	과제
다 왔습니다	7과	4항	과제
다르다	6과	2항	과제
다시	6과	2항	과제
단풍	9과	1항	기본어휘
닫다	6과	3항	문법
담배	7과	3항	문법
당구	10과	4항	기본어휘
대	6과	3항	기본어휘
대사관	7과	1항	과제
더	9과	3항	과제
덥다	9과	3항	기본어휘
데이트	10과	3항	문법
도	9과	3항	기본어휘
도시	9과	1항	문법
도착하다	7과	3항	기본어휘
도착하다	7과	4항	기본어휘
독서	10과	2항	기본어휘
독서하다	9과	4항	기본어휘
돈가스	7과	5항	정리
돌아가다	6과	4항	기본어휘
동	7과	4항	과제
동문	7과	1항	과제
되다	8과	4항	문법
되다	9과	1항	기본대화
두껍다	6과	2항	기본어휘
드라마	10과	5항	정리
들어가다	7과	4항	기본대화
등산	10과	2항	기본어휘
등산	10과	4항	기본어휘
등산하다	9과	1항	과제
등산화	10과	1항	과제
따뜻하다	9과	3항	기본어휘
딸	9과	2항	문법
딸기	9과	1항	기본어휘
때르릉	8과	2항	기본어휘
때문에	10과	3항	과제
떠나다	7과	2항	과제
떠들다	7과	3항	문법
또	6과	2항	과제
똑바로	7과	1항	과제

ㄹ

레코드	7과	5항	정리
로봇	10과	3항	기본어휘

ㅁ

마다	10과	4항	기본대화
마리	6과	3항	기본어휘
마을버스	7과	2항	기본어휘
만년필	6과	4항	기본어휘
만지다	7과	3항	문법
만화 영화	10과	3항	기본어휘
많이	7과	4항	문법
맑다	9과	2항	기본대화
매일	7과	4항	문법
매일	10과	2항	기본어휘
머리	7과	2항	문법
머리를 감다	10과	4항	문법
먼저	6과	4항	과제
멀다	6과	2항	기본어휘
메다	6과	5항	정리
메시지	8과	2항	기본어휘
멜로 영화	10과	3항	기본어휘
모니터	10과	4항	문법

단어	과	항	구분
모래	9과	4항	과제
모르다	7과	3항	과제
모범택시	7과	2항	기본어휘
모시다	7과	4항	과제
목	9과	4항	문법
목걸이	6과	4항	과제
무겁다	6과	2항	기본어휘
무게	9과	4항	문법
무섭다	10과	3항	기본어휘
무역	8과	2항	과제
문방구	6과	1항	기본어휘
문자	8과	2항	기본어휘
문자메시지를 보내다	8과	2항	기본어휘
문자메시지를 확인하다	8과	2항	기본어휘
묻다	7과	1항	기본대화
미술관	7과	1항	과제
미역국	10과	5항	정리
민박	7과	3항	문법
밀리다	7과	2항	문법
밀리다	10과	1항	과제

ㅂ

단어	과	항	구분
바꾸다	8과	2항	기본어휘
바꾸다	8과	4항	기본어휘
바나나	6과	3항	과제
바닷가	9과	3항	과제
바둑	10과	2항	기본어휘
바람	9과	2항	기본어휘
바람이 강하다	9과	2항	기본어휘
바람이 불다	9과	1항	과제
바람이 불다	9과	2항	기본어휘
바람이 약하다	9과	2항	기본어휘
바로	8과	2항	기본대화
바쁘다	6과	3항	문법
바지	6과	1항	기본어휘
받다	8과	2항	기본어휘
밤	9과	2항	문법
방문	10과	1항	과제
방법	10과	4항	과제
배	7과	2항	기본어휘
배구	10과	4항	기본어휘
배달하다	8과	2항	문법
배드민턴	10과	4항	기본어휘
배우	10과	3항	과제
배우다	10과	4항	기본대화
버스	7과	2항	기본어휘
번	7과	1항	기본대화
번호	7과	4항	문법
벌	6과	3항	기본어휘
범죄	8과	1항	기본어휘
벚꽃	9과	1항	과제
베트남	7과	2항	기본어휘
별로	10과	4항	기본대화
병	6과	3항	기본어휘
병	10과	3항	과제
병에 걸리다	10과	3항	과제
보내다	8과	2항	기본어휘
보내다	10과	4항	과제
보여 주다	6과	2항	과제
봄	9과	1항	기본대화
봄	9과	1항	기본어휘
부르다	7과	4항	문법
부산	7과	2항	기본어휘
부탁	8과	2항	과제
북문	7과	1항	과제
불다	9과	2항	기본어휘

불이 나다	8과	1항	기본어휘
비	7과	5항	정리
비가 그치다	9과	2항	기본어휘
비가 내리다	9과	2항	기본어휘
비가 오다	9과	2항	기본어휘
비디오	7과	2항	문법
비빔냉면	9과	1항	문법
비싸다	6과	1항	과제
비싸다	6과	2항	기본어휘
비자	10과	1항	문법
비키다	7과	3항	기본대화
비행기	7과	2항	기본어휘
빌리다	6과	3항	문법
빠르다	7과	4항	문법
빨간색	6과	2항	기본어휘
빨갛다	6과	2항	문법
빨래	9과	2항	과제
빨리	7과	2항	과제
빵	6과	1항	기본어휘
빵가게	6과	1항	기본어휘
빵집	6과	1항	기본대화

ㅅ

사거리	7과	4항	기본어휘
사계절	9과	1항	과제
사귀다	10과	1항	문법
사용하다	10과	4항	기본어휘
사진 찍기	10과	2항	기본어휘
살	10과	3항	과제
상품권	6과	4항	기본어휘
색	6과	2항	기본어휘
샌드위치	7과	1항	문법
생각	9과	1항	기본대화
생활	9과	1항	과제
샤워	10과	4항	문법
서문	7과	1항	과제
선글라스	6과	4항	과제
선물	6과	1항	기본대화
선물하다	6과	4항	기본대화
선선하다	9과	3항	기본어휘
설날	10과	1항	기본어휘
세	9과	5항	정리
세상	10과	3항	기본어휘
세우다	7과	4항	기본대화
세우다	7과	4항	기본어휘
세일	8과	3항	문법
세탁소	7과	5항	정리
셔츠	6과	3항	기본어휘
소개하다	9과	3항	과제
소설	10과	2항	과제
소풍	9과	4항	기본어휘
손	10과	4항	문법
손수건	6과	4항	기본어휘
송이	6과	3항	기본대화
송이	6과	3항	기본어휘
수박	9과	1항	기본어휘
수영	9과	1항	기본어휘
수영장	8과	3항	문법
숙박	10과	1항	과제
슈퍼마켓	6과	1항	기본어휘
스노보드	10과	4항	기본어휘
스웨터	6과	3항	과제
스케이트	9과	1항	문법
스케이트	10과	4항	기본어휘
스키	9과	1항	기본대화
스키	10과	4항	기본어휘

스키장	9과	1항	기본대화
스포츠	10과	4항	과제
슬리퍼	6과	3항	기본어휘
슬프다	10과	3항	기본대화
습하다	9과	3항	과제
시골	9과	1항	문법
시내버스	7과	2항	기본어휘
시외전화	8과	1항	기본어휘
시작	8과	5항	정리
식빵	6과	3항	기본어휘
신고	8과	1항	기본어휘
신다	10과	4항	문법
신문사	7과	1항	과제
신발	6과	3항	기본어휘
신호	8과	2항	기본어휘
신호가 가다	8과	2항	기본어휘
신호등	7과	4항	기본어휘
신혼여행	9과	2항	문법
실내	9과	2항	과제
실례하다	7과	1항	기본대화
심심하다	8과	4항	과제
싸다	6과	2항	기본어휘
쌀쌀하다	9과	3항	기본어휘
쓰다	10과	2항	문법

ㅇ

아내	9과	2항	문법
아니면	10과	1항	과제
아니에요?	8과	2항	과제
아들	9과	2항	문법
아마	8과	4항	기본대화
아이	8과	5항	정리
아이	10과	3항	과제
아이스크림	7과	4항	문법
아줌마	6과	1항	과제
아직	8과	4항	기본대화
아파트	7과	1항	기본대화
안개	9과	2항	기본어휘
안개가 끼다	9과	2항	기본어휘
안내	8과	1항	기본어휘
안내 방송	7과	3항	과제
앉다	7과	3항	기본대화
앞으로	8과	5항	정리
액세서리	6과	4항	기본어휘
액션 영화	10과	3항	기본어휘
야구	10과	4항	기본어휘
야영	9과	4항	기본어휘
약속	7과	5항	정리
약속을 어기다	8과	3항	기본어휘
약속을 지키다	8과	3항	기본어휘
약속하다	8과	3항	기본어휘
약하다	6과	2항	기본어휘
얇다	6과	2항	기본어휘
양말	9과	2항	문법
어기다	8과	3항	기본어휘
어깨	6과	5항	정리
어렵다	10과	3항	기본대화
억	9과	5항	정리
언제나	8과	3항	과제
얼마	6과	3항	기본대화
얼마나	7과	2항	기본대화
에게	6과	4항	기본어휘
여관	7과	3항	문법
여러 가지	6과	4항	과제
여러분	9과	1항	문법
여름	9과	1항	기본어휘

어휘	과	항	구분
여보세요	8과	2항	기본대화
여행	10과	2항	기본어휘
여행사	8과	2항	기본대화
역	7과	3항	기본어휘
연락	7과	2항	문법
연락하다	6과	5항	정리
연휴	10과	1항	기본어휘
열쇠고리	8과	1항	문법
영화 감상	10과	2항	기본어휘
영화 보기	10과	2항	기본어휘
예매	9과	2항	문법
예매하다	10과	3항	기본대화
예매하다	10과	3항	기본어휘
예약하다	10과	3항	기본어휘
오래	7과	2항	과제
오른쪽	7과	1항	기본어휘
오피스텔	7과	1항	과제
온천	10과	4항	과제
옷 가게	6과	1항	기본어휘
와이셔츠	10과	5항	정리
왜	7과	5항	정리
왜	8과	3항	과제
외국어	10과	3항	문법
외식	10과	3항	문법
외출	9과	2항	문법
왼쪽	7과	1항	기본대화
왼쪽	7과	1항	기본어휘
요리	10과	2항	기본어휘
요즘	9과	4항	과제
우산	9과	2항	과제
우울하다	10과	2항	과제
우회전	7과	4항	기본어휘
운동	10과	2항	기본어휘
운전하다	8과	5항	정리
운전하다	10과	4항	문법
울다	10과	3항	과제
울리다	8과	2항	기본어휘
웃다	9과	5항	정리
원룸	7과	1항	과제
웬일이세요?	8과	2항	과제
육교	7과	1항	기본어휘
음성	8과	2항	기본어휘
음성메시지를 남기다	8과	2항	기본어휘
음성메시지를 확인하다	8과	2항	기본어휘
음악 감상	10과	2항	기본어휘
음악 듣기	10과	2항	기본어휘
음악회	10과	3항	기본어휘
의	8과	1항	기본어휘
의	9과	1항	과제
이곳저곳	10과	1항	과제
이따가	8과	1항	기본대화
이메일	7과	2항	문법
이유	6과	1항	과제
이제	10과	1항	기본어휘
이쪽	7과	1항	기본어휘
이해하다	9과	5항	정리
인구	9과	5항	정리
인터넷	9과	2항	문법
인터넷	10과	3항	기본대화
인형	6과	4항	기본어휘
일기예보	9과	2항	과제
일반택시	7과	2항	기본어휘
일찍	8과	3항	과제
잃어 버리다	6과	5항	정리
입어 보다	6과	3항	과제

ㅈ

단어	과	항	구분
자동차	6과	2항	문법
자동차	6과	3항	기본어휘
자동차	7과	2항	기본어휘
자루	6과	3항	기본어휘
자리	7과	2항	과제
자전거	7과	2항	기본어휘
자전거	10과	4항	기본어휘
잘못	8과	2항	기본어휘
잘못 걸다	8과	2항	기본어휘
잠깐만요	8과	2항	과제
잠옷	9과	2항	문법
장	6과	3항	기본어휘
장마철	9과	3항	과제
장미	6과	1항	기본대화
장미꽃	6과	1항	기본대화
장소	6과	1항	과제
저쪽	7과	1항	기본어휘
전국	9과	2항	과제
전남	9과	2항	과제
전쟁 영화	10과	3항	기본어휘
전화기	6과	3항	기본어휘
전화를 걸다	8과	2항	기본어휘
전화를 끊다	8과	4항	기본어휘
전화를 받다	8과	2항	기본어휘
전화번호	8과	1항	기본대화
전화번호를 누르다	8과	2항	기본어휘
전화벨이 울리다	8과	2항	기본어휘
전화하다	6과	3항	문법
전화하다	6과	4항	기본어휘
젓가락	7과	2항	문법
정류장	7과	3항	기본어휘
정말	8과	2항	과제
제일	10과	2항	기본대화
조깅	10과	5항	정리
조사	10과	4항	과제
조심하다	7과	3항	기본대화
좌회전	7과	4항	기본어휘
죄송하다	6과	2항	과제
주로	10과	2항	기본대화
주말	6과	4항	문법
주문하다	8과	2항	문법
주소	8과	2항	문법
주유소	7과	5항	정리
주인	6과	2항	기본대화
주인공	10과	3항	기본어휘
주차하다	7과	3항	문법
죽다	10과	3항	과제
준비물	10과	1항	과제
준비하다	9과	2항	과제
중	10과	2항	기본대화
중학교	10과	1항	기본어휘
지각하다	7과	3항	문법
지방	9과	2항	과제
지키다	8과	3항	기본어휘
지하도	7과	1항	기본어휘
지하철	7과	2항	기본어휘
직진	7과	4항	기본어휘
진달래	9과	1항	기본어휘
집안일	10과	4항	과제
짓다	9과	4항	과제
짧다	6과	2항	기본어휘
찍다	7과	3항	문법
찍다	10과	1항	기본대화

ㅊ

차	7과	5항	정리
찾다	7과	1항	기본대화
책 읽기	10과	2항	기본어휘
책 가게	6과	1항	기본어휘
책방	10과	2항	과제
초	10과	1항	기본대화
초록색	7과	4항	기본어휘
총	10과	3항	기본어휘
추다	10과	2항	기본어휘
축구	10과	3항	기본어휘
축구	10과	4항	기본어휘
출구	7과	1항	기본대화
출근	9과	2항	과제
출발하다	7과	4항	기본어휘
출연료	9과	4항	문법
출장	8과	4항	과제
춤	10과	2항	기본어휘
춤 추기	10과	2항	기본어휘
춥다	9과	3항	기본어휘
취미	9과	1항	과제
층	7과	1항	문법
치다	10과	4항	기본대화
치다	10과	4항	기본어휘
치마	6과	3항	과제
치즈	6과	2항	기본대화

ㅋ

카드	10과	5항	정리
칼	10과	3항	기본어휘
컴퓨터 게임	10과	2항	기본어휘
케이크	6과	1항	기본대화
켜다	8과	2항	기본어휘
켤레	6과	3항	기본어휘
코미디	8과	4항	문법
코미디 영화	10과	3항	기본어휘
코트	6과	2항	문법
콘도	7과	3항	문법
콜라	6과	3항	기본어휘
키	9과	3항	문법

ㅌ

타다	7과	3항	기본어휘
타다	10과	4항	기본어휘
탁구	10과	4항	기본대화
탁구	10과	4항	기본어휘
탁구를 치다	10과	4항	기본대화
태권도	9과	1항	문법
태권도	10과	4항	기본어휘
택시	7과	2항	기본어휘
테니스	10과	4항	기본어휘
통화 중이다	8과	4항	기본어휘
통화하다	8과	4항	기본어휘
튤립	6과	3항	과제
특히	10과	5항	정리
튼튼하다	6과	2항	기본어휘
틈틈이	10과	1항	과제
티셔츠	6과	3항	기본어휘
팀	10과	4항	기본어휘

ㅍ

파란색	6과	2항	기본어휘
파랗다	6과	2항	문법
펜션	7과	3항	문법
편	9과	4항	문법
편의점	6과	1항	기본어휘

편하다	10과	3항	기본대화
평균수명	9과	5항	정리
포도	6과	3항	과제
표	6과	3항	기본어휘
프랑스	6과	4항	기본어휘
프로그램	6과	4항	문법
피곤하다	6과	4항	과제
피다	9과	1항	기본어휘
피서	9과	4항	기본어휘
피아노	9과	1항	문법
피우다	7과	3항	문법
필요하다	10과	1항	문법

ㅎ

하늘	9과	2항	기본대화
하다	10과	4항	기본어휘
하숙집	6과	1항	과제
하얀색	6과	2항	기본어휘
하얗다	6과	2항	문법
학기	10과	1항	문법
학기	10과	1항	과제
한가하다	9과	1항	문법
한복	6과	4항	과제
해수욕장	9과	4항	기본어휘
핸드폰	8과	1항	기본어휘
핸드폰을 끄다	8과	2항	기본어휘
핸드폰을 켜다	8과	2항	기본어휘
향수	6과	4항	기본어휘
호	8과	2항	문법
호선	7과	2항	기본대화
호수	7과	2항	과제
호텔	7과	1항	과제
화장품	6과	4항	기본어휘
화장하다	9과	2항	문법
화재	8과	1항	기본어휘
확인하다	8과	2항	기본어휘
활동	10과	4항	과제
회	7과	3항	문법
횡단보도	7과	1항	기본어휘
후	8과	4항	문법
휴가	9과	1항	기본어휘
휴가철	10과	1항	과제
휴대전화	8과	1항	기본어휘
휴대전화를 끄다	8과	2항	기본어휘
휴대전화를 켜다	8과	2항	기본어휘
휴일	10과	1항	기본어휘
흐리다	9과	2항	기본대화
흐리다	9과	2항	기본어휘
PC방	7과	5항	정리